小创客轻松玩转

掌控板

刁彬斌　朱现伟　王振兴 等——编著

化学工业出版社
·北京·

内 容 简 介

本书采用全彩图解 + 视频讲解的形式，通过丰富有趣的制作案例，介绍了基于mPython开发掌控板的思路与技巧，主要介绍了掌控板的硬件知识、编程环境、开发准备、显示及输出功能、传感器应用、硬件扩展、通信功能、物联网功能、创意程序设计实例、人工智能应用、电脑动画交互以及与3D打印结合的综合项目设计等内容。

本书内容实用，案例丰富有趣，讲解循序渐进；全彩印刷，图文并茂；提供学习视频、软件开发工具、全部程序源文件，只需扫描书中二维码即可获取，是一本超值的掌控板开发图书。

本书非常适合掌控板开发人员、物联网及人工智能技术初学者、热爱创造的青少年朋友、中小学信息技术老师等学习使用，也可以用作相关培训机构的教材及参考书。

图书在版编目（CIP）数据

小创客轻松玩转掌控板 / 刁彬斌等编著. —北京：化学工业出版社，2021.6（2024.5 重印）

ISBN 978-7-122-38753-0

Ⅰ. ①小… Ⅱ. ①刁… Ⅲ. ①硬件描述语言－程序设计 Ⅳ. ①TP312

中国版本图书馆CIP数据核字（2021）第049137号

责任编辑：耍利娜　　文字编辑：师明远　　美术编辑：王晓宇
责任校对：刘　颖　　装帧设计：水长流文化

出版发行：化学工业出版社（北京市东城区青年湖南街13号　邮政编码100011）
印　　装：涿州市般润文化传播有限公司
880mm×1230mm　1/32　印张5¼　字数131千字　2024年5月北京第1版第3次印刷

购书咨询：010-64518888　　售后服务：010-64518899
网　　址：http://www.cip.com.cn
凡购买本书，如有缺损质量问题，本社销售中心负责调换。

定　　价：39.00元

本书编写人员

刁彬斌　王振兴	北京宏志中学
朱现伟	河南省汝州市一中
王莹（文字校对）	北京市和平北路学校
谷峰（技术支持）	桃李科教（深圳）有限公司
胡学诗（技术支持）	labplus（盛思）创客社区
龚晨（技术支持）	DFRobot 创客社区
张璜（技术支持）	深圳市小喵科技有限公司

前言

2018年，教育部发布《教育信息化2.0行动计划》，部署信息素养全面提升行动，提出“加强学生信息素养培育”“完善课程方案和课程标准，充分适应信息时代、智能时代发展需要的人工智能和编程课程内容”“推动落实各级各类学校的信息技术课程，并将信息技术纳入初、高中学业水平考试”等要求，人工智能和编程课程再一次被重点强调。能否熟练地掌握一门编程语言，将影响一个孩子未来的发展。

Python是一门与人工智能紧密联系的编程语言。学习好Python语言，相当于拿下编程和人工智能两把人生发展的“金钥匙”。但是对于初学者来说，纯代码编程有入手难和程序“看不见摸不着”的问题。有时，花费大量时间学习纯代码编程，却编写不出足够好的程序，没有成就感。而结合图形化和代码对照编程方式的开源硬件编程，不仅可以降低编程的入手难度，而且还可以解决程序“摸不着”的问题，将程序的成果以开源硬件作品的形式展示出来。同时智能硬件作品还可以真正地应用在实际生活中，更能体现出学习的价值与乐趣。

本书以掌控板为开源硬件载体，使用mPython图形化编程平台为编程环境来解决初学者学习Python编程的痛点。

掌控板是一块MicroPython微控制器板，它集成ESP32高性能双核芯片，搭载了OLED显示屏、RGB灯、加速度计、麦克风、光线传感器、蜂鸣器、按键开关、触摸开关、Wi-Fi和蓝牙通信模块。通过简单的编程，你可以把自己的想象变为现实，制作出很酷的小作品。

mPython 是一款对掌控板支持非常友好的编程软件，它可以帮助你从图形化编程入手，进而轻松掌握 Python 编程语言。在 mPython 平台下，你不仅能够完成常规的小作品，甚至还可以完成具备人工智能和物联网功能的高科技炫酷作品。

考虑到初学者的学习需求，本书首先讲解了掌控板板载设备的使用技巧。通过入门章节的学习，初学者可以对掌控板编程建立初步的认识。之后，本书讲解了掌控板创意编程、扩展方法、通信技术、物联网、人工智能、电脑交互式动画程序相关内容。最后，结合 3D 打印的项目式作品设计，让读者系统地了解掌控板各方面的创意编程方式，抛砖引玉，激发读者的创作欲。

此外，本书配套了大量练习题，读者在做题的同时可以温故知新。同时，书中重难点章节配备微课视频，所涉及的程序源码均可下载使用，方便学习实践。

由于时间和水平有限，书中不妥之处在所难免，还望广大读者批评指正，谢谢！

编著者

目录

第 3 章 掌控板感受外界的信息

第 4 章 掌控板创意小程序

第 5 章 掌控板的扩展

第 6 章 掌控板通信功能

掌控板

第1章

掌控板简介

1.1 什么是掌控板

掌控板是一块 MicroPython 微控制器板，它集成 ESP32 高性能双核芯片，使用当下最流行的 Python 编程语言，以便用户轻松地将代码从电脑传输到掌控板中，从而体验程序创作的无穷乐趣。

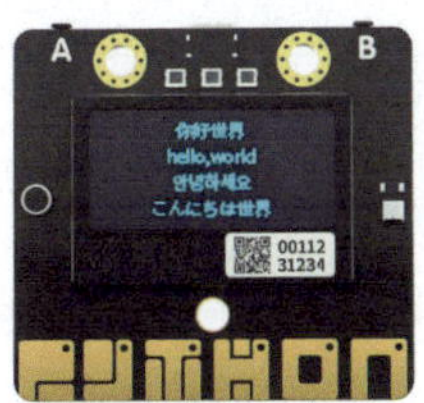

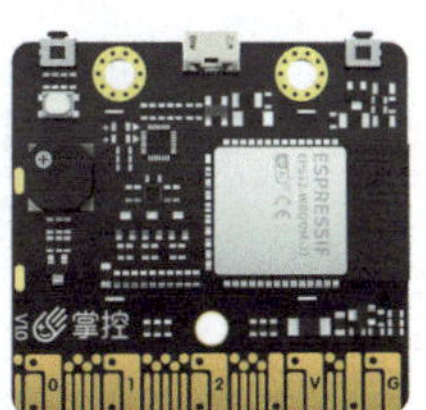

掌控板是由创客教育专家委员会推出的一款教学用开源硬件，它为普及创客教育而生，反映一线 Python 编程教学需求，符合普通高中新课改的理念。

掌控板的尺寸仅比信用卡的一半略大，搭载 OLED 显示屏、RGB 灯、加速度传感器、麦克风、光线传感器、蜂鸣器、按键开关、触摸开关、Wi-Fi 和蓝牙通信模块。

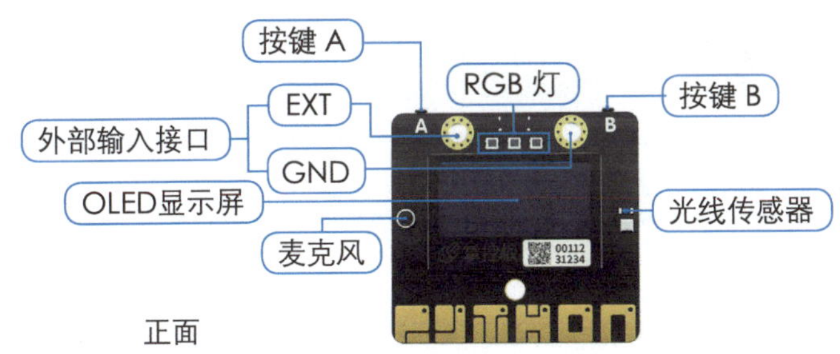

正面

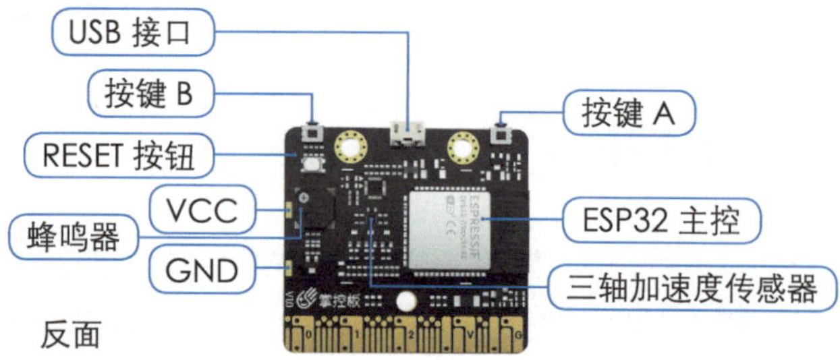

掌控板 2.0 版，在掌控板 1.0 版本的基础上升级麦克风为可以录制声音的麦克风，同时增加了磁场传感器。本书中部分章节会用到 2.0 版的对应功能，为了区别 2.0 版专有功能，将会标注“2.0 版本专有”的标识。

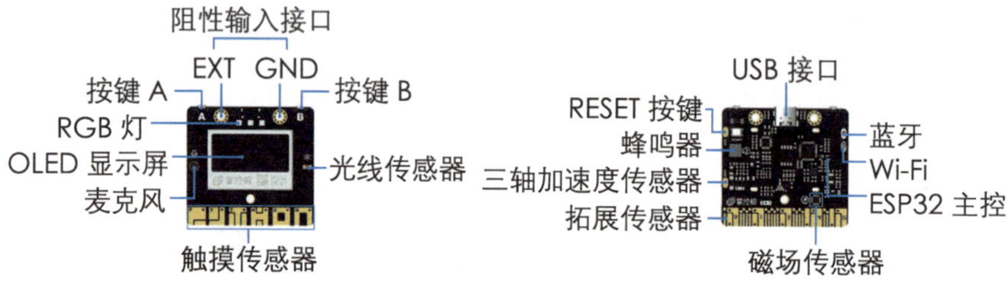

掌控板能做些什么呢？小巧的掌控板内部集成了基本的传感器，还有功能强大的 OLED 显示屏，可以通过图形化编程或者代码编程，完成很多有意思的小实验装置，掌控板还可以通过鳄鱼夹或扩展板与各种电子元件互动，支持读取传感器数据，控制舵机与 RGB 灯带，能够轻松胜任各种编程相关的教学与开发场景。

掌控板还可以用于编写电子游戏、声光互动、机器人控制、科学实验和可穿戴装置开发等。

1.2 掌控板的编程环境

(1) mPython X

mPython X 是一款专为掌控板开发的非常易上手、可图形化编程的软件。其主要特点是图形化与代码对照编程模式。

(2) 好好搭搭 wulink-python 掌控板编程环境

好好搭搭编程平台有以下优势。

第一，免安装的编程环境。使用浏览器打开网址，就可以轻松开始编程。

第二，跨平台的编程平台。从电脑、平板到手机，只要包含浏览器的硬件，都可以作为编程环境的载体。

第三，免 USB 接口的设计。该平台烧录程序的过程是基于互联网的程序下发，适合不能将开源硬件接入 USB 接口的环境使用。

第四，电脑交互型程序、物联网程序的开发。

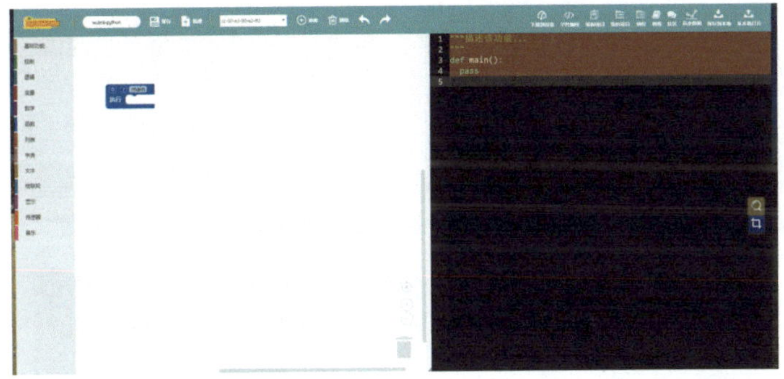

(3) 米思齐（Mixly）

Mixly 是由北师大教育学部创客教育实验室开发的图形化编程环境，对多种开源硬件有着良好的支持，可以图形与代码同屏对照显示，且为离线版。

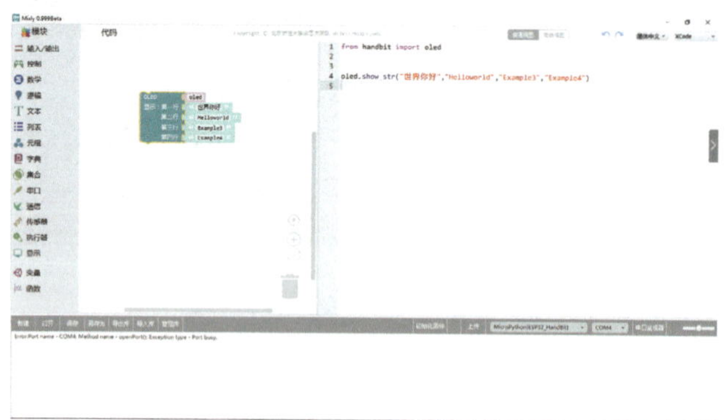

(4) Mind+

Mind+是一款拥有自主知识产权的国产青少年编程软件，集成各种主流主控板及上百种开源硬件，支持人工智能与物联网功能，既可以拖动图形化积木编程，还可以使用 Python、C、C++等高级编程语言，让大家轻松体验创造的乐趣。Mind+支持在线和离线两种模式的掌控板编程环境。

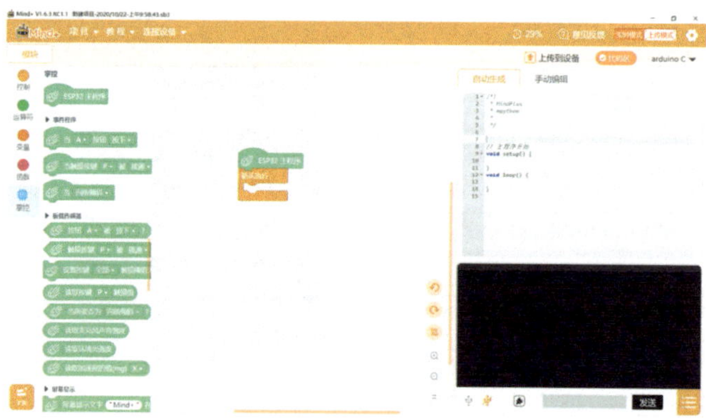

(5) Kittenblock

Kittenblock 是一款小喵科技出品的图形化编程软件。除了支持基本的 micro:bit、Arduino、掌控板等开源硬件的在线、离线编程外，还有许多实用的插件，如 IoT（物联网）、机器学习、人工智能等。

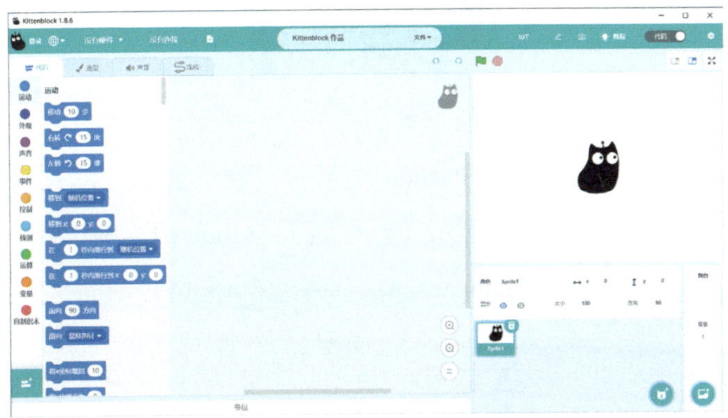

(6) mPython

mPython 是一款对掌控板支持非常友好的编程教育软件，它可以让用户从图形化编程入手，进而轻松掌握 Python 编程语言。mPython 还能对 micro:bit 等多种硬件进行图形化编程。

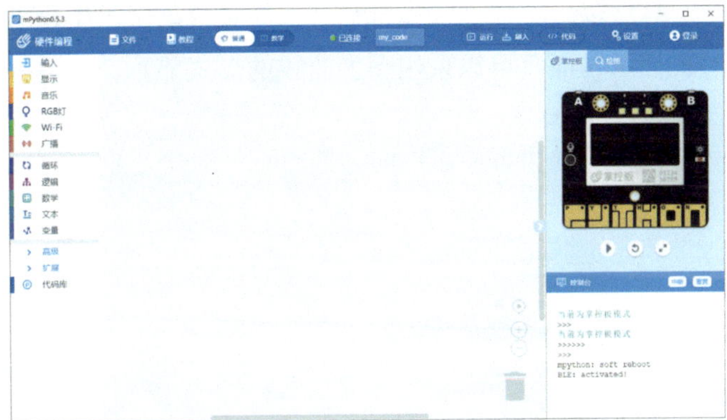

mPython 具有以下四大特点。

第一，仿真功能，让调试更简单。在仿真器中可以预览程序的执行结果，使硬件编程可以脱离硬件执行。

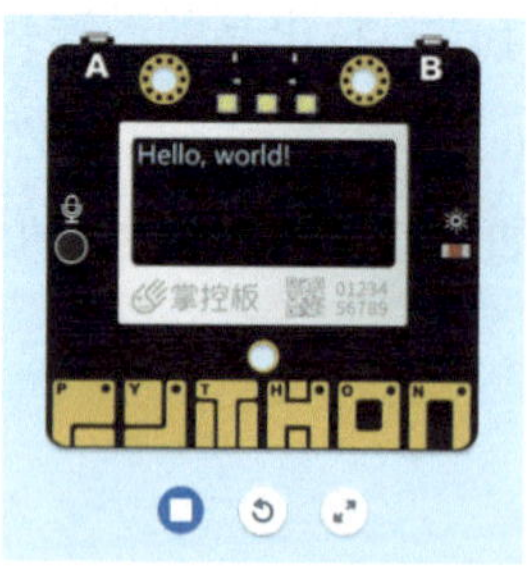

第二，双屏互动，让 Python 更易学。在“教学”模式下可以实现图形与代码对照双窗口显示，更有利于 Python 语言的学习。

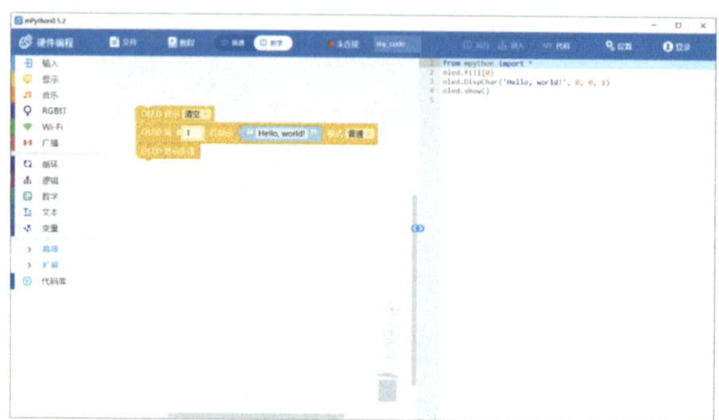

第三，数形结合，让探究可视化。程序运行的结果不仅可以使用数字的形式显示，而且可以采用图表曲线的形式显示，使数据结果可视化、直观化。

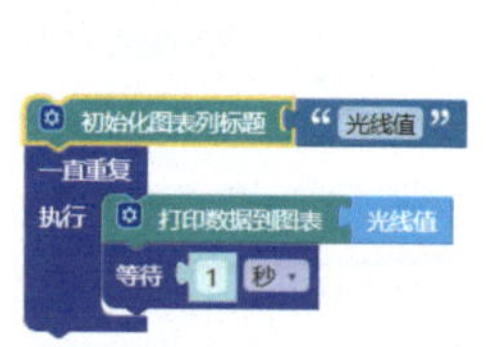

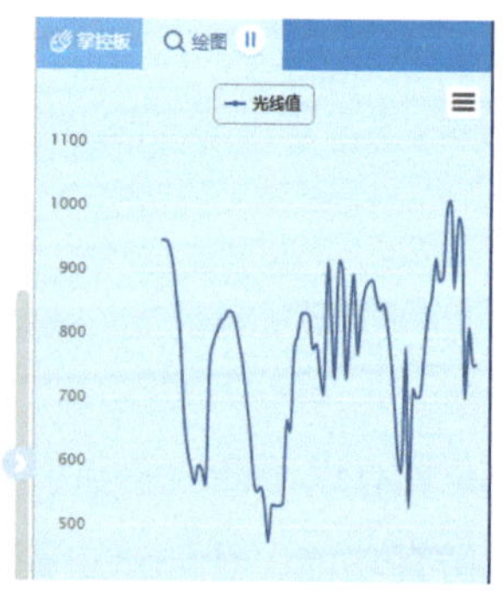

第四，强大的掌控板第三方应用的生态支持。可以实现应用和硬件的扩展支持。

1.3 编程前的准备

1.3.1 什么是程序

程序（Program）是为实现特定目标或解决特定问题而用计算机语言编写的命令序列的集合（为实现预期目的而进行操作的一系列语句和指令）。没有程序的硬件无法实现任何功能，编程的过程就是给硬件注入指令。

按照结构区分，程序分为顺序结构、分支结构和循环结构。

顺序结构是从上往下依次执行，且只执行一次的程序。比如现实生活中的报数过程“1-2-3-4”。

分支结构是根据条件执行不同操作的程序。比如现实生活中的红灯停、绿灯行就是分支结构。

循环结构是有规律的内容反复执行的过程。比如人的直线行走过程，先左脚向前，再右脚向前，反复重复这两个动作。

1.3.2 ▸ 如何下载 mPython

mPython 软件下载地址为 https://www.labplus.cn/software，本书基于 mPython0.5.3 版本讲解。

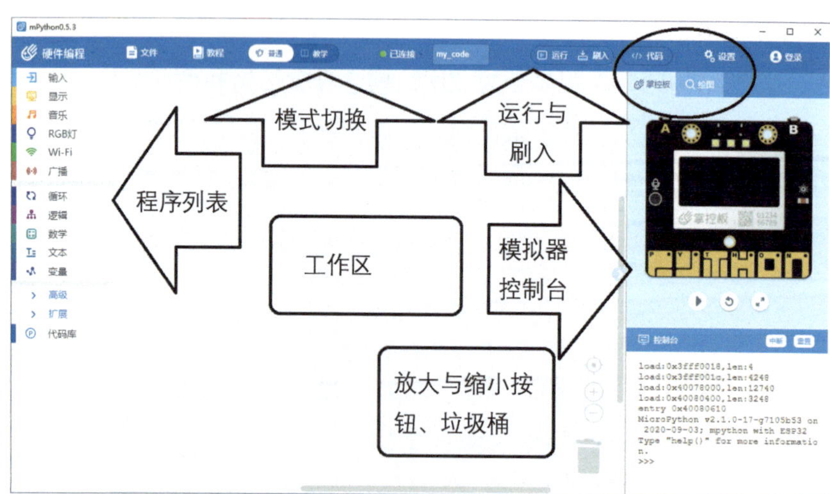

 1.3.3 ▸ mPython 软件功能分区与功能介绍

① 程序列表：以类别分类列出程序功能模块。点击类别名称可以查看该类别中包含的程序模块。

程序类别	作用
输入	有关掌控板接收传感器信息的程序模块
显示	有关掌控板 OLED 显示屏显示文字与图形的程序模块
音乐	有关掌控板板载蜂鸣器简单声音的程序模块
RGB 灯	有关掌控板 RGB 灯灯光输出的程序模块
Wi-Fi	有关掌控板连接 Wi-Fi 的程序模块
广播	有关掌控板广播功能的程序模块
循环	有关循环程序、时间等待的程序模块
逻辑	有关逻辑判断的程序模块
数学	有关数学运算、数学公式、随机数、图表等数学功能的程序模块
文本	有关文本转换、文本功能的程序模块
变量	有关变量建立、变量操作的程序模块
高级	有关函数、列表、元组、集合、字典、引脚、微信小程序的程序模块
扩展	用于实现掌控板的硬件和软件扩展的程序模块

② 工作区：将程序模块中的程序拖动到工作区，程序才能完成编写过程。

③ 垃圾桶：将程序拖动到垃圾桶，完成程序删除工作。

④ 放大与缩小按钮：用于放大或缩小工作区内的程序图块。

⑤ 模式切换：用户切换普通与教学模式。普通模式为带模拟器的图形化编程。教学模式为图形与代码对照的有利于代码学习的编程模式。

⑥ 运行与刷入：运行按钮实现程序的本地运行，刷入按钮将本

地计算机的程序烧录到掌控板中。

⑦ 代码按钮：将编程环境切换为纯代码编程模式。同时，代码编程模式还可以实现掌控板内文件管理等操作。

⑧ 设置按钮：用于实现掌控板的固件烧录、软件夜光模式与高级设置（语言切换、主控板切换、版本更新检查）。

1.3.4 第一个程序的烧录

(1) 如何连接电脑与掌控板

掌控板 2.0 版以下需要使用 micro USB 线将主板与电脑的 USB 接口连接，掌控板 2.0 版需要使用 Type-C 线将主板与电脑 USB 接口连接。

(2) 观察掌控板的连接状态

mPython 软件中，软件界面上侧显示“已连接”，表示掌控板连接成功。连接失败则显示“未连接”，请检查连接线的连接状态或更换连接线。

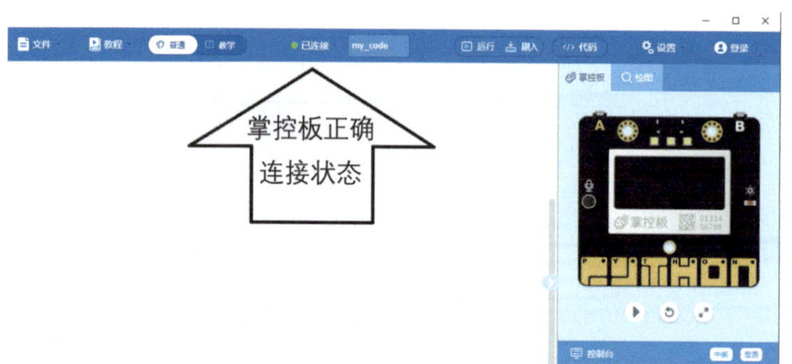

(3) 编写第一个程序

从程序列表显示模块中将以下程序模块拖入到工作区。

(4) 掌控板的程序烧录过程

在掌控板连接正确的前提下，点击“刷入”按钮实现程序的烧录过程。烧录时，控制台处有烧录进度信息。

提示

mPython 0.5.3 及后续版本中，默认只烧录代码程序。可以使用“Ctrl+鼠标左键”的方式实现代码和图形化程序的完全烧录。mPython 0.5.2 及之前的版本中“Ctrl+鼠标左键”用于实现纯代码程序的烧录。

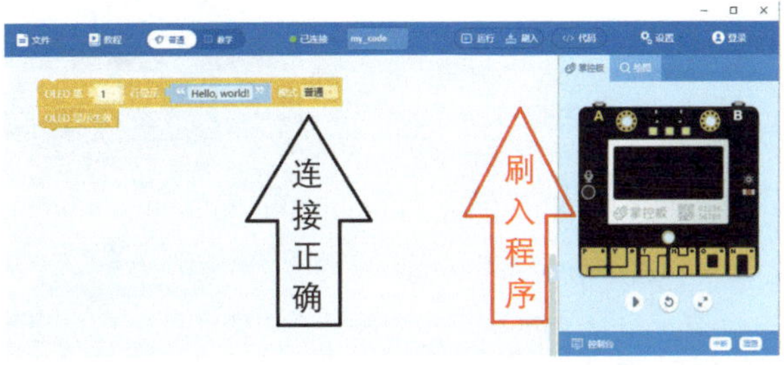

(5) 程序的实现效果

掌控板屏幕上会显示“Hello, world!”

(6) 仿真程序的实现

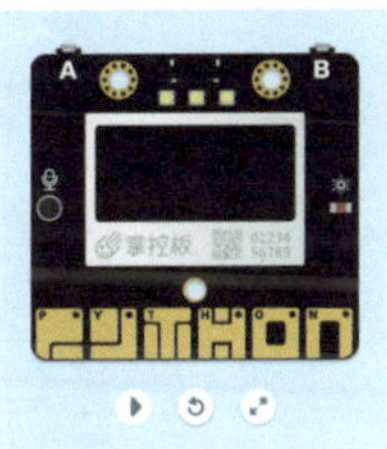

运行 重置 放大

mPython 的模拟器可以实现部分程序的仿真显示。点击左侧的运行按钮可以实现运行结果的查看；重置按钮可以实现程序的初始化；

放大按钮可以实现虚拟机的全屏显示。点击运行按钮，同样会出现“Hello, world!”的程序运行结果。

1.3.5 ▶ 掌控板固件的更新

体积小巧的掌控板，是一台名副其实的小电脑，它的系统固件只有与时俱进地不断更新，才能胜任新的任务。可以使用 mPython 软件设置中的烧录固件菜单进行固件的烧录。

点击“确定”烧录固件后，控制台会显示烧录进度提示。经过短暂的等待之后，掌控板屏幕上会出现“固件日期和文件系统”的信息。

mPython 控制台固件刷入成功提示

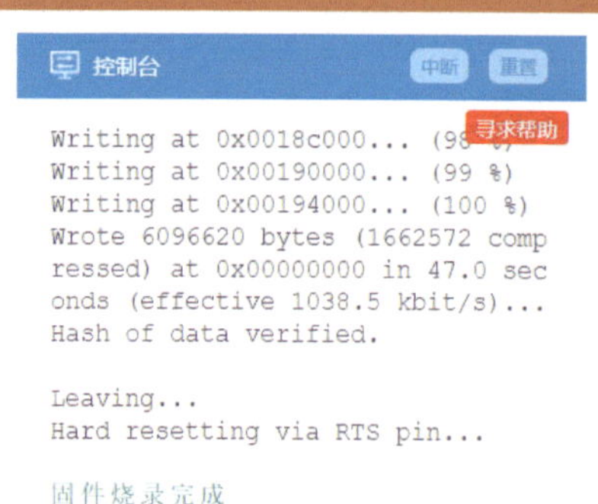

掌控板固件刷入成功后屏幕显示内容

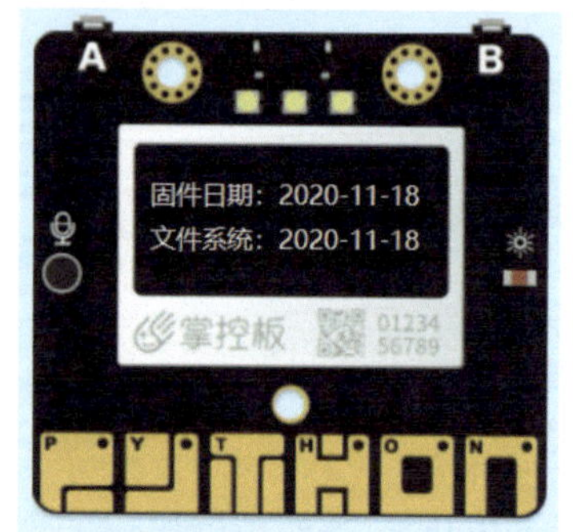

掌控板刷入新固件，与烧录程序操作一致。不同点是固件的刷入过程会清空掌控板所有数据，且中途不要中断烧录过程，以免造成硬件损坏。另外，固件刷入操作不用频繁进行，只有掌控板固件不够新或者掌控板内部程序发生严重错误时，才需进行固件刷入操作。

第 2 章

掌控板的信息输出

2.1 功能多样的 OLED 显示屏

掌控板板载 1.3 英寸（1 英寸 = 25.4 毫米）单色 OLED 显示屏，分辨率为 128 × 64，采用 Google Noto Sans CJK 16 × 16 字体，支持简体中文、繁体中文、日文和韩文等语言。

显示屏的左上角为（0,0）点，横向每行分布 128 个像素点，纵向每列分布 64 个像素点。这个显示屏最多显示 4 行字符，每行显示的字符数量根据字符的种类略有不同，中文显示较少，而数字和英文则较多。为了方便确定字符和图形所在位置，可以将显示器想象为 8 × 8 的小格子，在 OLED 显示屏上显示信息，就是在格子上画画。

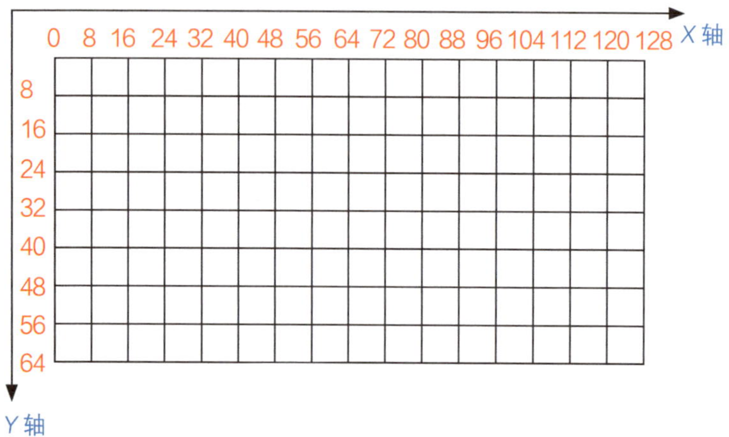

字符的位置依据字符所在 16 × 16 像素的左上角位置决定。例如在（64,32）位置显示字符 A，显示效果如下：

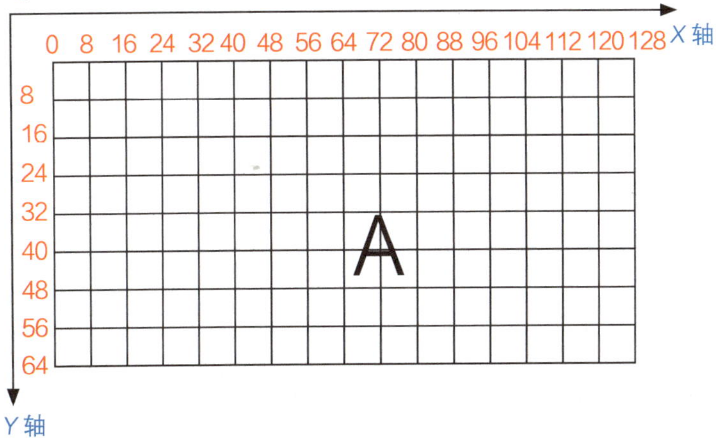

2.1.1 ▸ 文字的使用——向世界问声好

“Hello, world!”中文意思是“世界你好！”。“Hello, world!”是学习每一门语言时经典的第一课。1978 年，Brian Kernighan 写了一本名为《C 程序设计语言》的编程书，在程序员中广为流传，“Hello, world!”就是第一课。下面我们就来学习如何向世界打招呼吧。

所需程序模块

程序模块	所属类别	作用
OLED 显示 清空	显示	将屏幕上的内容清空
OLED 第 1 行显示 “Hello, world!” 模式 普通	显示	在第一行的位置输出字符“Hello, world!”的信息
OLED 显示生效	显示	将向显示器输出的信息显示出来
显示文本 x 0 y 0 内容 “Hello, world!” 模式 普通	显示	以左上角坐标（0,0）点为开始，显示“Hello,world!”的信息

程序实现

```
OLED 显示 清空
OLED 第 1 行显示 “Hello, world!” 模式 普通
OLED 显示生效
```

在两行中分别输出“Hello, world!”和“世界你好!”。

```
OLED 显示 清空
OLED 第 1 行显示 “Hello, world!” 模式 普通
OLED 第 2 行显示 “世界你好!” 模式 普通
OLED 显示生效
```

此外，还可以使用左上角坐标的形式显示本程序。使用左上角坐标的形式显示文字，可以实现文字显示位置的灵活化。本程序要实现两行形式显示文字，设置坐标值时需要改变 *Y* 轴的坐标。

```
OLED 显示 清空
显示文本 x 0 y 0 内容 “Hello, world!” 模式 普通
显示文本 x 0 y 16 内容 “世界你好!” 模式 普通
OLED 显示生效
```

练一练 1

试一试，实现个人小名片功能。在屏幕上分三行显示“姓名”“单位”和“手机号”信息。

2.1.2 ▸ 绘图功能——小小房子

有句老话叫“金窝银窝不如自己的草窝。”拥有属于自己的房子是每个人不断追求的梦想。下面我们就使用显示屏画一座简单的小房子吧。

在屏幕上画图，难点是找准图形的位置。此前学习的将屏幕看成为一个个小格子是解决本问题的关键。一座简单的小房子如下图，找出图形的坐标，房子就可以快速地绘制出来了。

所需程序模块

程序模块	所属类别	作用
绘制 空心 矩形 x 20 y 20 宽 20 高 15	显示	绘制左上角坐标为（20,20），宽为20，高为 15 的矩形边框。可以调节参数实现实心矩形
绘制 空心 圆 x 64 y 32 半径 15	显示	绘制圆心位置为（64,32），半径为 15 的圆圈。可以调节参数实现实心圆
绘制 空心 三角 x1 60 y1 20 x2 20 y2 20 x3 40 y3 40	显示	通过三个顶点绘制空心三角形。可以调节参数实现实心三角形

程序思路

在掌控板屏幕上画图，关键点是找到各个点位的坐标。可以通过在格子坐标纸上手工画图的方式打草稿。草稿出来后，屏幕画图就很容易实现了。

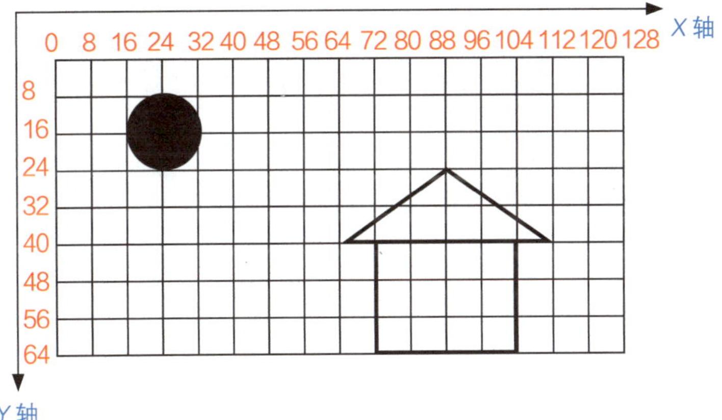

程序实现

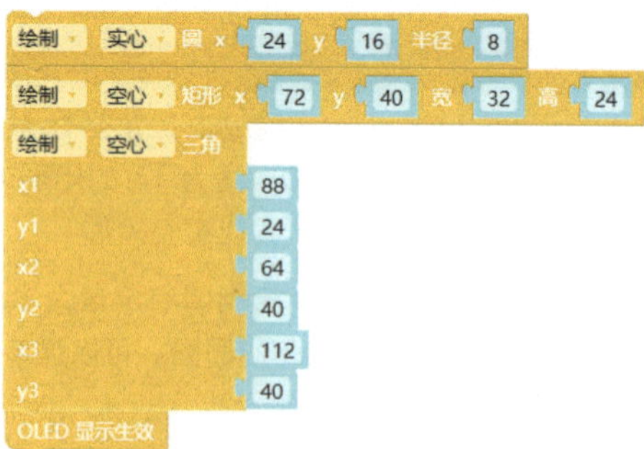

练一练 2

你能不能在屏幕上绘制出动物的图形？比如一条鱼。可以在下面的空表格中绘制草图，然后编写自己的代码。

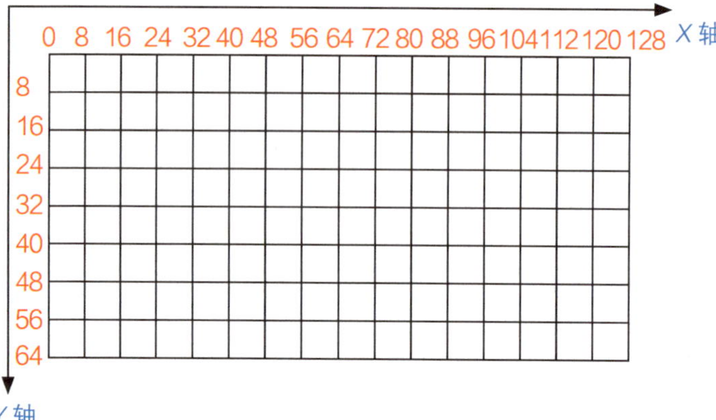

2.1.3 ▶ 动画的实现——倒计时器、报数与一石激起千层浪

动画片是儿童时期最美好的回忆。最古老的动画片是通过人们灵巧的双手一张一张手工绘制出来的。后来有了计算机，动画片才摆脱纯手工制作的模式。掌控板就可以通过逐帧动画的方式完成动画片段。

任务一 简单倒计时

说明：现实生活中，我们经常会用到倒计时。下面我们就使用屏幕完成“3-2-1-Go！”的倒计时小程序吧。要求这个程序在 4 秒的时间内，在屏幕的同样位置显示这四项内容。

所需程序模块

程序模块	所属类别	作用
OLED 显示 清空	显示	清空屏幕上的内容
等待 1 秒	循环	延迟 1 秒的时间

程序实现

```
OLED 第 1 行显示 “3” 模式 普通
OLED 显示生效
等待 1 秒
OLED 显示 清空
OLED 第 1 行显示 “2” 模式 普通
OLED 显示生效
等待 1 秒
OLED 显示 清空
OLED 第 1 行显示 “1” 模式 普通
OLED 显示生效
等待 1 秒
OLED 显示 清空
OLED 第 1 行显示 “GO!” 模式 普通
OLED 显示生效
```

任务二 报数程序的实现

说明：让掌控板实现从 1 ~ 100 的数字显示，每秒显示一个数字。

程序分析

此程序与“3-2-1-Go！”可以用同样的方法来完成。但问题是工作量会非常大。仔细观察会发现：只是简单地显示数字，且显示的数字很有规律，“1,2,3,4,5,……”每次增加数值 1。像这种有规律的重复执行操作，可以用循环结构来完成。另外，掌控板屏幕上只能显示文本，需要将数字进行文本转换。

所需程序模块

程序模块	所属类别	作用
使用 i 从范围 1 到 10 每隔 1 执行	循环	变量 i，由 1 以每次增加 1 的幅度增加到 10 之后停止
i	变量	使用循环时才有效
转为文本	文本	将其他类型数据转为文本，只有文本数据才能在掌控板屏幕上显示

程序实现

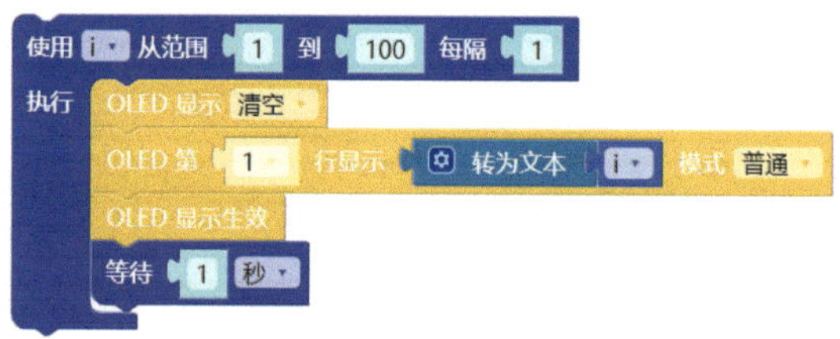

任务三 一石激起千层浪动画

说明：半径为 4 像素的实心球，从坐标（64,0）位置以每秒 4 像素的速度移动到坐标（64,32）后，小球消失。以（64,32）为圆心，从半径为 4 像素开始，实现每次增大 4 像素的圆圈，直到圆圈的半径为 32 像素停止，实现水波纹效果。

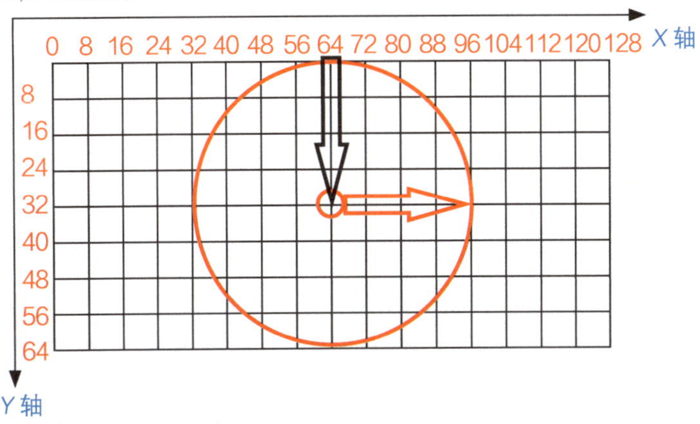

程序分析

根据描述，我们可以知道小球的运行轨迹。*Y* 轴由坐标值有规律地由 0 以递增 4 像素的规律逐渐变为 32 像素。波浪的半径有规律地由 4 像素以递增 4 像素的规律变为 32 像素。这种有规律的大量重复变化数据，可以使用循环语句来完成。

所需程序模块

程序模块	所属类别	作用
使用 i 从范围 1 到 10 每隔 1 执行	循环	变量 i，由 1 以每次增加 1 的幅度增加到 10 之后停止。可以点击变量 i 新建变量名
i	变量	使用循环时才有效

程序实现

```
使用 y 从范围 0 到 32 每隔 4
执行  OLED 显示 清空
      绘制 实心 圆 x 64 y y 半径 4
      OLED 显示生效
      等待 100 毫秒
OLED 显示 清空
使用 r 从范围 4 到 32 每隔 4
执行  绘制 空心 圆 x 64 y 32 半径 r
      OLED 显示生效
      等待 100 毫秒
```

练一练 3

实现“恭喜发财”的渐变出现效果，即第 1 秒出现“恭”，第 2 秒出现“恭喜”，第三秒出现“恭喜发”，第四秒出现“恭喜发财”。

练一练 4

尝试实现画轴展开效果。画轴展开之后，在中间位置显示“恭喜发财”。初始时，只出现两个实心轴的形状，逐步出现空心布的形状，最终展开后显示文字的效果示意图如下：

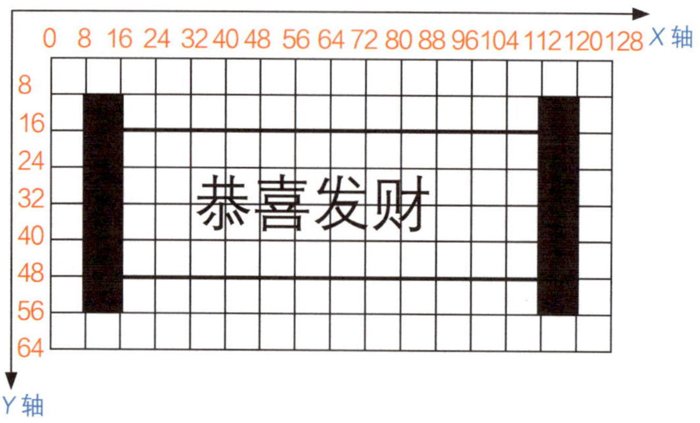

2.1.4 ▸ 二维码的显示

二维码是近几年来移动设备上很流行的一种编码方式，它比传统的“bar code”（条形码）能存更多的信息，也能表示更多的数据类型。

二维码是用某种特定的几何图形按一定规律在平面（二维方向上）分布的、黑白相间的、记录数据符号信息的图形。其在代码编制上巧妙地利用构成计算机内部逻辑基础的“0”“1”比特流的概念，使用若干个与二进制相对应的几何形体来表示文字数值信息，通过图像输入设备或光电扫描设备自动识读以实现信息自动处理。

二维码具有储存量大、保密性高、追踪性高、抗损性强、备援性大、成本较低等特性，这些特性特别适用于表单、安全保密、追踪、证照、存货盘点、资料备援等方面。

mPython 软件中，可以非常方便地实现二维码显示功能。

所需程序模块

程序模块	所属类别	作用
坐标 x 0 y 0 绘制二维码 “https://www.mpython.cn” 58 * 58	显示	以（0,0）坐标为左上角，显示 58×58 像素的网址二维码

mPython 官网的二维码和网址文字程序如下：

```
坐标
  x 0
  y 0
  绘制二维码 “https://www.mpython.cn”
  58 * 58
显示文本 x 64 y 32 内容 “mpython” 模式 普通
OLED 显示生效
```

2.1.5 ▶ 图片的显示——心跳的回忆

掌控板 128×64 像素的单色显示屏除了显示文字和简单的图形外，还可以显示不超过 128×64 分辨率的图片。mPython 软件中，已经内置了部分可以直接引用的图片素材。

所需程序模块

程序模块	所属类别	作用
	显示	以（32,0）为左上角坐标，显示心形图像。调节参数可以实现不同内置图片的显示，且程序模块会有当前图片的预览图
	循环	永远循环的程序结构

程序分析

“心跳的回忆”即反复切换大心和小心的显示，时间间隔可以设置为 100 毫秒。此时动画会永远循环播放，需要用到永远循环的程序模块。

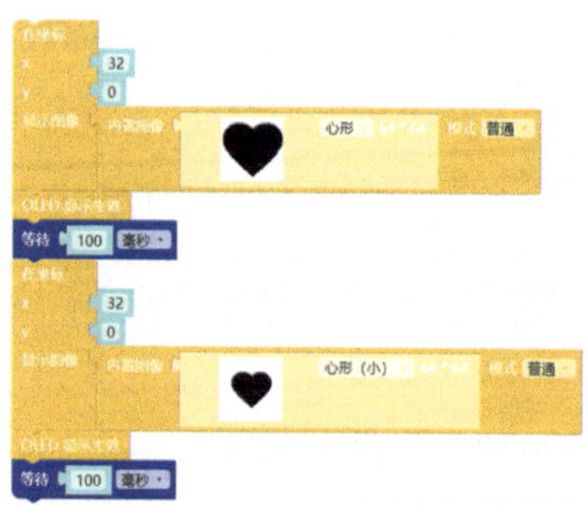

程序的执行结果只是大心变为小心，然后就停止跳动了。如何操作才能让心跳动画永远循环呢？需要将程序加入到无限循环模块中。

无限循环，其实是制作开源硬件程序的必要步骤，因为我们要时刻保持硬件的运行。

程序实现

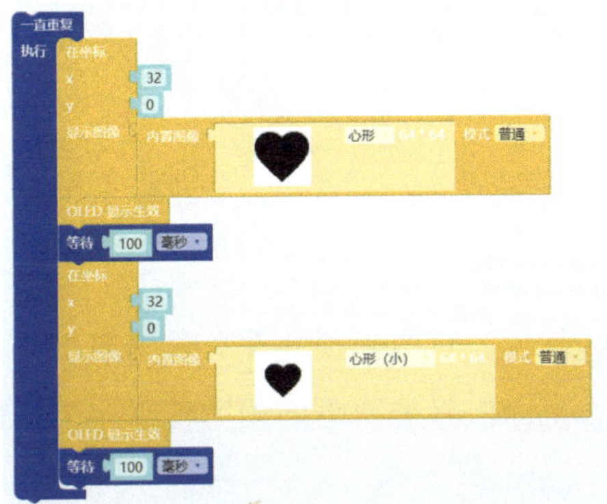

练一练 5

左顾右盼，实现眼睛的向左看和向右看效果。提示：眼睛有关的图片在 eyes 目录中。

2.1.6 ▸ 图片的上传

mPython 软件中，已经内置了丰富的图片，可以显示比较丰富的图片内容。能不能将普通图片进行必要的处理后在掌控板上显示出来呢，答案是肯定的。但是针对掌控板 OLED 显示屏的特征，需要图片符合以下要求：

① 图片分辨率不能超过 128 × 64 像素。

② 图片必须为单色图片。

③ 图片必须为 bmp 或者 pbm 文件。

另外，掌控板的分辨率和单色显示的特征，决定了它比较适合显示强调轮廓特征的照片，不太适合显示色彩丰富和强调细节的照片。

怎么才能将一张普通照片上传到掌控板中呢？以一张握手的照片为例子。

步骤一 图片的处理

使用图片处理软件，将图片预处理为分辨率 128×64 且颜色为单色的黑白图片。本例中以系统自带的画图板程序为图片处理软件实现这一过程。

① 彩色图片变简单颜色图片的处理。先将彩色图片另存为 16 色位图，实现颜色简单化。将文件直接另存为 16 色位图类型图片即可。

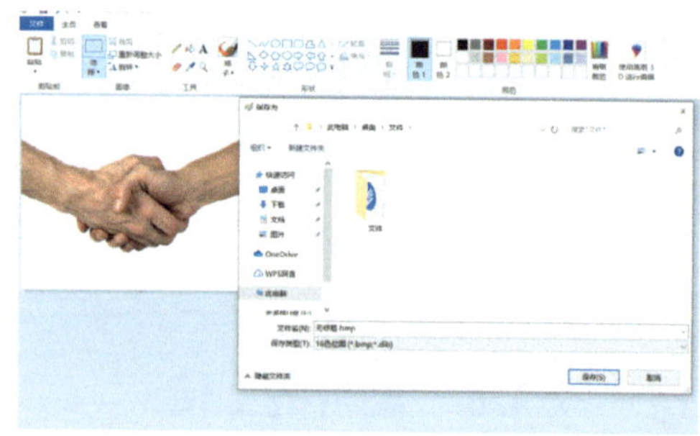

② 简单色图片变黑白图片。使用画图板打开保存的 16 色位图，使用画图板中油漆桶工具反复将黑色填充画面，尽量使画面黑色化即可。

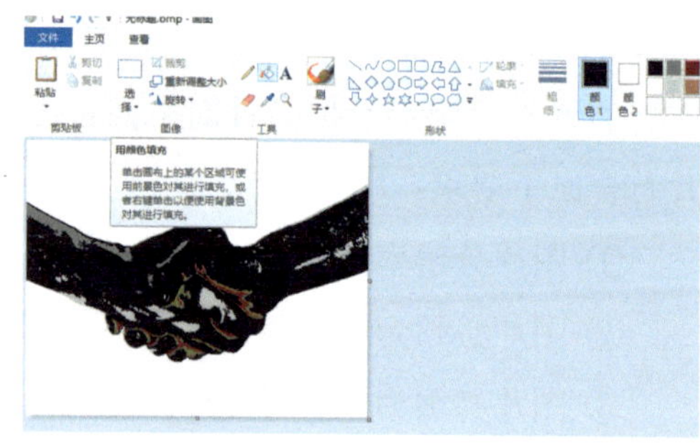

③ 黑白图片的保存。将黑色化的图片另存为“单色位图”，就可以实现图片的黑白化。

④ 黑白图片的分辨率标准化与图片命名。使用画图板程序，“重新调整大小”菜单中当前图片分辨率明显不是 128 × 64 的照片比例，可以使用选择工具选取部分照片，新建图片使照片长宽比接近于 2 : 1，然后调整像素大小为 128 × 64。直接在“重新调整大小”菜单内输入数字即可。需要去除“保持纵横比”复选框内的钩。将图片另存为文件“hand.bmp”备用。注意，不能用汉字命名文件，原因在于掌控板内部不支持调用汉字命名的图片文件。

步骤二 图片的上传

mPython 中，只有代码模式可以管理掌控板内存中的照片。操作步骤如下：

① mPython 代码编程模式的切换。在图形化编程模式下点击“代码”按钮，切

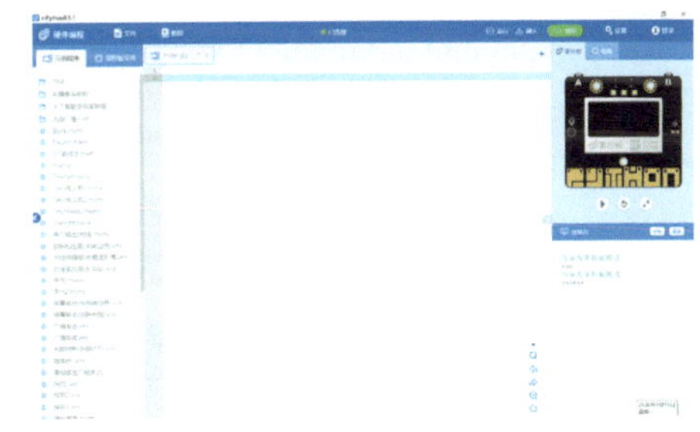

换为代码编程模式。在代码编程模式下，点击“图形”按钮，可以切换为图形化编程模式。

② 掌控板文件的调用。点击“掌控板文件”按钮，实现掌控板内部文件的加载。

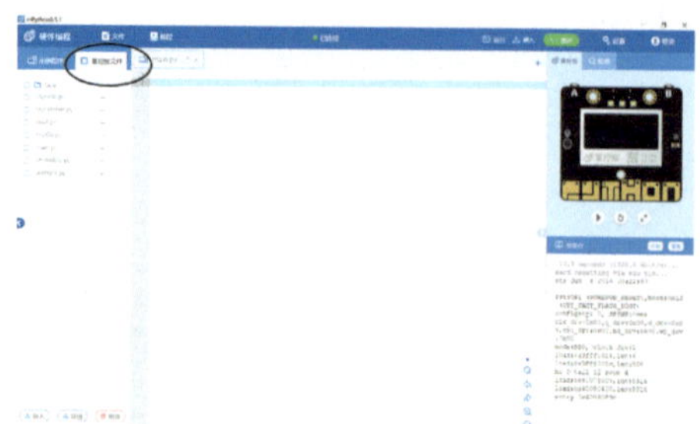

③ 图片的导入与上传。点击掌控板文件面板上的“导入”按钮，在弹出的文件选择窗口中，选择已经标准化好的“hand.bmp”文件。然后点击“同步”按钮，完成文件同步工作。掌控板文件中，列表出现 hand.bmp 文件说明同步成功。

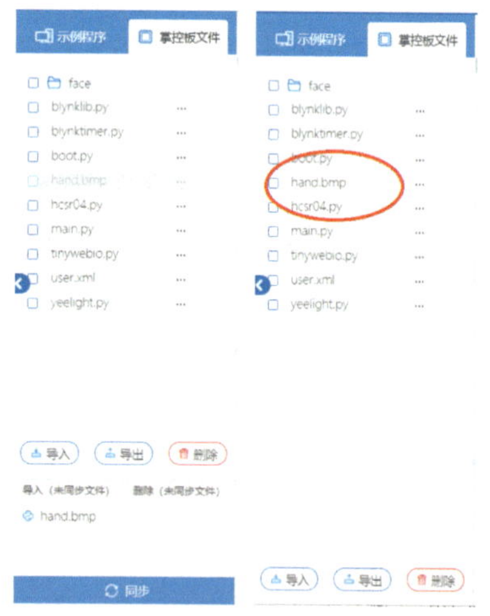

步骤三 图片的使用

使用图片时，需要用到如下程序模块。

所需程序模块

程序模块	所属类别	作用
自定义图像 "face/1.pbm" 模式 普通	显示	调用自定义图像功能
在坐标 x 32 y 0 显示图像 内置图像 心形 模式 普通	显示	以（32,0）为左上角坐标，显示心形图像。调节参数可以实现不同内置图片的显示，且程序模块会有当前图片的预览图

注意

自定义文件未上传在 face 目录，需要在程序参数中调整文件路径为根路径。

程序实现

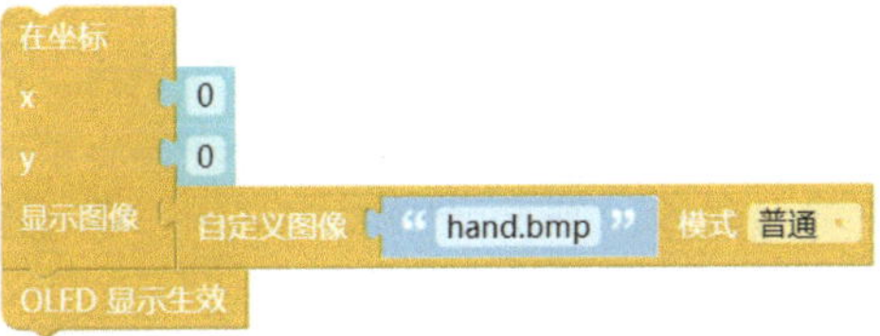

练一练 6

找一幅自己喜欢的图片，尝试上传到掌控板中并显示出来。

2.1.7 ▸ 特效显示功能

mPython 软件中，除了可以实现普通的黑底白字显示效果，还可以调节程序参数实现例如白底黑色等特殊效果。

清空程序还可以调节参数实现全亮、黑底、白底效果。

白底黑字程序的实现

文字显示程序除了正常显示模式之外，还有反转、透明、XOR 效果。例如，在黑底白字的模式下，显示结果如下：

参数	含义
正常	显示黑底白字的文字
反转	显示白底黑字的文字
透明	显示没有背景色的文字
XOR	根据当前文字像素的状态，实现像素点的反转效果，黑点变白，白点变黑

三角形、矩形、线条、圆形等图形绘制中，除了显示模式外，还可以实现图形的擦除效果。

任务 实现“中国生日快乐”程序

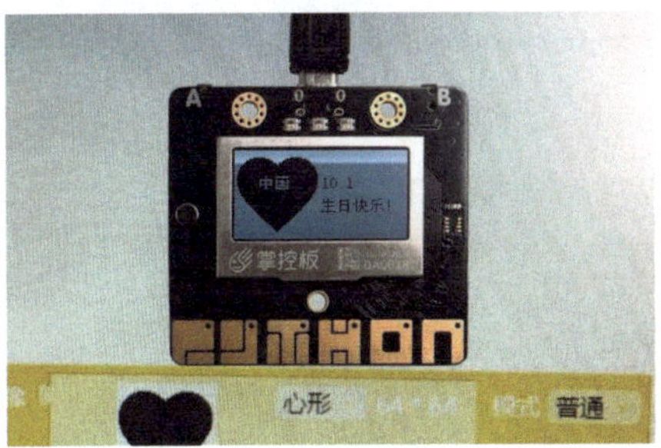

程序分析

画面为白底黑字模式，画面左侧显示心形图形，图形内显示“中国”字样。画面右侧分两行显示“10.1”和“生日快乐！”字样。

程序实现

OLED 显示 白底
在坐标
x 0
y 0
显示图像 内置图像 心形 64*64 模式 普通
显示文本 x 24 y 20 内容 “中国” 模式 反转
显示文本 x 64 y 16 内容 “10.1” 模式 普通
显示文本 x 64 y 32 内容 “生日快乐!” 模式 普通
OLED 显示生效

练一练 7

根据所学的特效效果，完成自己的创意显示程序。

2.2 多彩 RGB 灯

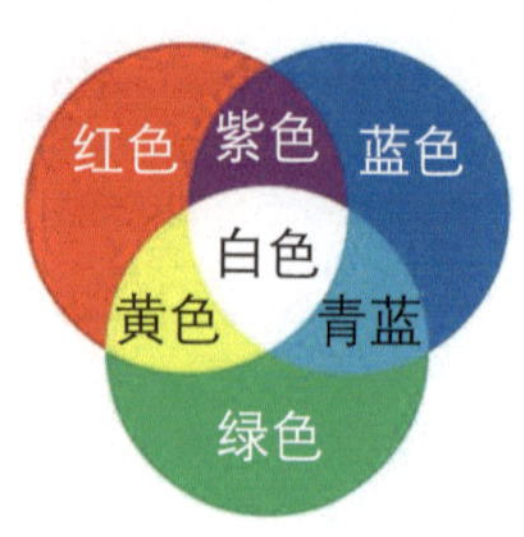

RGB 灯可以发出多彩的灯光，其原理是一颗 RGB 灯中包含红绿蓝三色 LED 灯，通过三个灯的混光而实现不同的颜色。

掌控板 OLED 显示屏上方集成了 3 颗 RGB 灯，底层 Python 代码中这三个灯的标号分别为 0、1、2 号灯。掌控板载 3 颗 RGB 灯，可实现 256 级亮度显示，完成 16777216 种颜色的全真色彩显示。这 3 颗灯既可以单独控制，又可以统一控制。

2.2.1 ▸ 交通信号灯

交通信号灯是指挥交通运行的信号灯，一般由红灯、绿灯、黄灯组成。红灯表示禁止通行，绿灯表示准许通行，黄灯表示警示。

任务 **使用掌控板内置 RGB 灯制作一个交通信号**

所需程序模块

程序模块	所属类别	作用
设置 0# RGB 灯颜色为	RGB 灯	设置第一个灯颜色为红色
关闭 所有 RGB 灯	RGB 灯	关闭所有 RGB 灯
一直重复 执行	循环	循环执行

程序分析

0 号灯亮红色，1 秒后变为关闭；然后 1 号灯亮黄色，1 秒后变为关闭；最后 2 号灯变为绿色，1 秒后变为关闭。此过程需要永远重复。

程序实现

一直重复
执行
设置 0# RGB 灯颜色为
等待 1 秒
关闭 0# RGB 灯
设置 1# RGB 灯颜色为
等待 1 秒
关闭 1# RGB 灯
设置 2# RGB 灯颜色为
等待 1 秒
关闭 2# RGB 灯

练一练 8

能不能实现高级交通灯程序：当红灯亮起时，屏幕显示 stop；当黄灯亮起时显示 wait；当绿灯亮起时显示 run。

2.2.2 ▸ 随机颜色的 RGB 灯

掌控板的 RGB 灯，除了显示内置的标准颜色之外，还可以通过调节红色、绿色和蓝色分量值的方式调节灯的颜色。

我们来完成一个每 1 秒随机变换颜色的多彩 RGB 灯吧。实现这个程序的关键是随机数的产生。随机数的产生可以理解为扔骰子，不知道获取的数字是多少，只知道它在一定的范围内。

任务 实现掌控板 0 号 RGB 灯的随机颜色显示

所需程序模块

程序模块	所属类别	作用
从 1 到 100 之间的随机整数	数学	随机产生 1 ~ 100 之间的整数
设置 0# RGB 灯颜色为 R 255 G 0 B 0	RGB 灯	以数值的方式调节红、绿、蓝分量的值合成彩色，数值范围是 0~255。0 代表无，255 代表满

程序思路

根据光线三原色原理，对 0 号灯的 R、G、B 三元素进行范围为 0~255 的随机整数取值，就可以实现随机颜色程序。

程序实现

练一练 9

设计高级多彩灯，能不能让三颗灯同一时间显示不同的颜色。

2.3 蜂鸣器

计算机开机的时候，有个“嘀”的声音从机箱处传出来。过生日的时候，在打开音乐贺卡的时候，《生日快乐》的音调从薄薄的贺卡中传出来。这种能够发出简单声音的电子器件就是蜂鸣器。

掌控板背部集成了无源蜂鸣器，其声音主要是通过频率高低不同的脉冲信号来产生。声音频率可控，频率不同，发出的音调就不一样，从而可以发出不同的声音。

程序模块如下

程序模块	所属类别	作用
 播放音乐 DADADADUM 引脚 默认	音乐	播放内置的音乐
 播放音符 音符 C3 节拍 1/4 引脚 默认	音乐	播放指定音符 1/4 节拍
 音符 C3 节拍 1/4	音乐	设置指定的音乐节拍（字符后面的 3 代表低音，4 代表中音，5 代表高音）

音符与参数名称对应关系：

音符	Do	Re	Mi	Fa	So	La	Xi
声调	C	D	E	F	G	A	B

《两只老虎》的简谱如下：

两只老虎

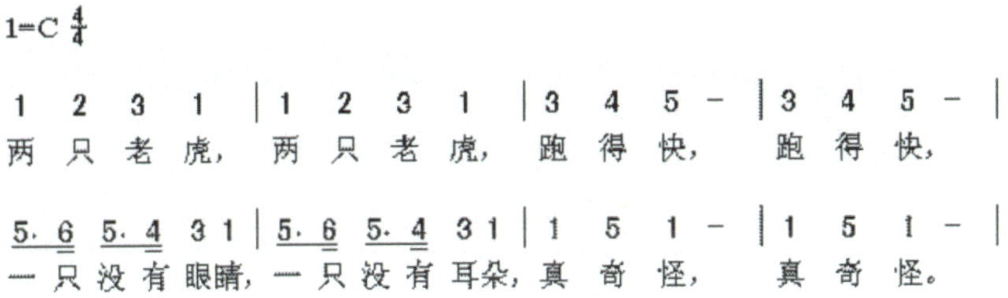

1=C 4/4

1 2 3 1 | 1 2 3 1 | 3 4 5 – | 3 4 5 – |
两 只 老 虎， 两 只 老 虎， 跑 得 快， 跑 得 快，

5· 6 5· 4 3 1 | 5· 6 5· 4 3 1 | 1 5 1 – | 1 5 1 – |
一 只 没 有 眼睛， 一 只 没 有 耳朵， 真 奇 怪， 真 奇 怪。

使用播放音符的方式编写的程序片段如下：

请补充完成歌曲《两只老虎》。

第3章

掌控板感受外界的信息

人体可以凭借感觉器官感知外界的信息。人的感觉可以归为五感：形、声、闻、味、触，也即人的五种感觉——视觉、听觉、嗅觉、味觉、触觉。

掌控板上也集成了可以感知按动的 A 和 B 按钮，感知触摸的六个触摸按键 P、Y、T、H、O、N，感知声音大小的麦克风、感知光线强度的光线传感器、感知加速度的加速度传感器。

3.1 按钮控制

按钮是一种常用的控制电气元件，常用来接通或断开“控制电路”（其中电流很小），从而达到控制电动机或其他电气设备运行的目的。

在掌控板上部边沿有 A、B 两个按压式可编程按钮。可以对按钮编程完成有趣的实验。

其实，看似简单的数字大按钮面临的问题并不简单。首要问题就是大按钮按下的时候是数值 1 还是 0。掌控板按钮被定义为按下时数值为 0，所有程序基于此逻辑编写。

任务一 延迟夜灯

说明：当按钮 A 被按下时，RGB 灯点亮，持续 5 秒后关灯。

像这种“如果…条件成立就…执行…”的语句是典型的条件结构。

所需程序模块

程序模块	所属类别	作用
如果 执行	逻辑	如果条件成立，就运行“执行”后面的语句
按键 A 被按下	输入	读取按钮 A 的状态，也可以调节参数实现按钮 B

程序思路

如果按钮被按下，执行“开灯—延迟 5 秒—关灯”操作。

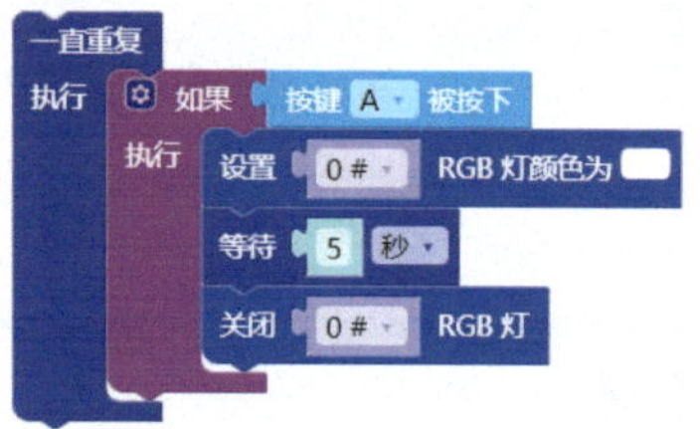

任务二 按钮控制灯

当按钮被按下时，LED 灯点亮，否则 LED 熄灭。

所需程序模块

程序模块	所属类别	作用
如果 执行 否则	逻辑	如果条件成立，就运行“执行”后的语句，否则运行“否则”后的语句

程序思路

如果按钮被按下，执行“开灯”，否则“关灯”操作。

程序实现

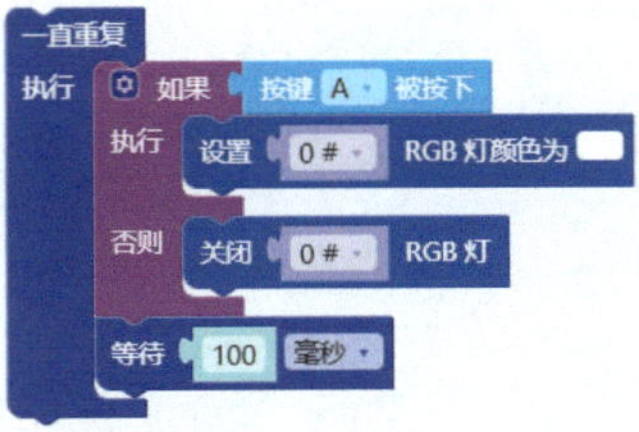

任务三 实现开关功能的按钮控制灯

程序思路

声明逻辑变量 tag 用于控制灯的开与关两种状态，初始化时灯为关闭状态，即 tag 的值为“假”。

如果按钮被按下，取反 tag 的状态。如果 tag 的值为真则开灯，否则关灯。

所需程序模块

程序模块	所属类别	作用
创建变量...	变量	建立新的变量
将变量 tag 设定为	变量	给变量赋值，创建变量 tag 后出现本模块
tag	变量	使用变量，创建变量 tag 后出现本模块
真	逻辑	逻辑值真，可以更改为假
非	逻辑	非运算，实现真假值的转换

程序实现

```
将变量 tag 设定为 假
一直重复
执行  如果 按键 A 被按下
      执行 将变量 tag 设定为 非 tag
           等待 1 秒
      如果 tag
      执行 设置 所有 RGB 灯颜色为 [颜色]
      否则 关闭 所有 RGB 灯
```

练一练 11

状态提示牌程序：当 A 按钮被按下，显示“正在营业”，并显示绿色 RGB 灯。当按钮 B 被按下，显示“休息中”，并显示红色 RGB 灯。

3.2 触摸开关

触摸开关是基于电容感应原理的。人体或金属在传感器金属面上的直接触碰会被感应到。除了直接触摸，隔着一定厚度的塑料、玻璃等材料的接触也可以被感应到，感应灵敏度随接触面的大小和覆盖材料的厚度而变化。

触摸开关的按键值有什么规律呢？可以通过下面的测试程序测试它的特性。当然这个测试程序也可以修改应用于其他传感器和按钮等设备的测试。程序的作用是将触摸值输出到 mPython 右下侧的控制台窗口中。

所需程序模块

程序模块	所属类别	作用
打印 “ ”	文本	将信息输出到控制台
按键 P 触摸值	输入	读取按键 P 的触摸值

程序实现

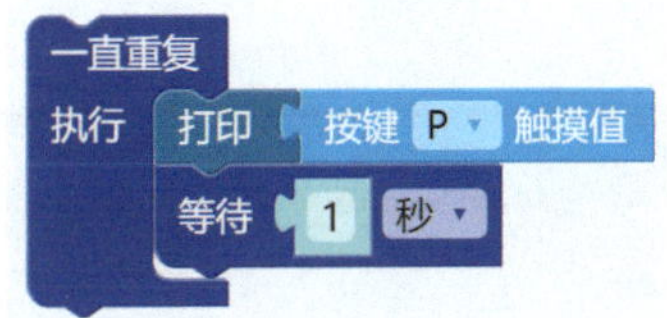

通过测试，我们可以得到以下数值：当触摸开关不被触摸时，数值范围是 620～625；当触摸按钮被触摸时，大约是 400 以下的数值。所以判断触摸按钮是否被触摸，可以看成是判断读取的值是否小于 400。

任务 小小电子琴

说明：按下 P～N 键，蜂鸣器发出中音 Do、Re、Mi、Fa、So、La 六个音符。

所需程序模块

程序模块	所属类别	作用
按键 P 被触摸	输入	触摸键 P 被触摸

程序实现

```
一直重复
执行
  如果 按键 P 被触摸
  执行 播放音符 音符 C4 节拍 1 引脚 默认
  如果 按键 Y 被触摸
  执行 播放音符 音符 D4 节拍 1 引脚 默认
  如果 按键 T 被触摸
  执行 播放音符 音符 E4 节拍 1 引脚 默认
  如果 按键 H 被触摸
  执行 播放音符 音符 F4 节拍 1 引脚 默认
  如果 按键 O 被触摸
  执行 播放音符 音符 G4 节拍 1 引脚 默认
  如果 按键 N 被触摸
  执行 播放音符 音符 A4 节拍 1 引脚 默认
```

练一练 12

设计触摸门铃程序，当 P 键被触摸时，播放歌曲《PYTHON》。

3.3 声音传感器——麦克风

掌控板自带的麦克风也叫声音传感器，是一种可以检测声音大小的传感器。

常见的声音传感器的工作原理是传感器内置一个对声音敏感的电容式驻极体话筒。声波使话筒内的驻极体薄膜振动，导致电容的变化，从而产生与之对应变化的微小电压。产生的电压经过放大并经 A/D 转换器转换为数字信号。掌控板中声音传感器返回的值为 12bit 的 ADC 采样数据，最大值为十进制 4095。

所需程序模块

程序模块	所属类别	作用
声音值	输入	读取声音的值
映射 10 从 0 , 100 到 0 , 200	数学	将 10 从 0～100 的范围映射到 0～200 的范围。执行结果为 20
进度条 x 30 y 30 宽 70 高 8 进度 20	显示	在左上角坐标为（30,30）的位置显示长宽分别为 70 和 8 的进度条，进度条进度为 20

任务一 噪声监测仪

说明：显示屏上显示当前声音值，同时 RGB 灯显示环境声音状态：当环境比较安静时，RGB 灯显示绿色灯光；当环境有噪声时，RGB 灯显示黄色灯光；当环境有强烈噪声时，RGB 灯显示红色灯光。

这个程序有三个分支，需要“如果—否则如果—否则”的程序结构。这个程序结构需要通过配置“如果—否则”模块的齿轮来显示。方法是点击“如果”旁的齿轮，在出现的配置界面中将左侧程序模块拖动到右侧，然后关闭。

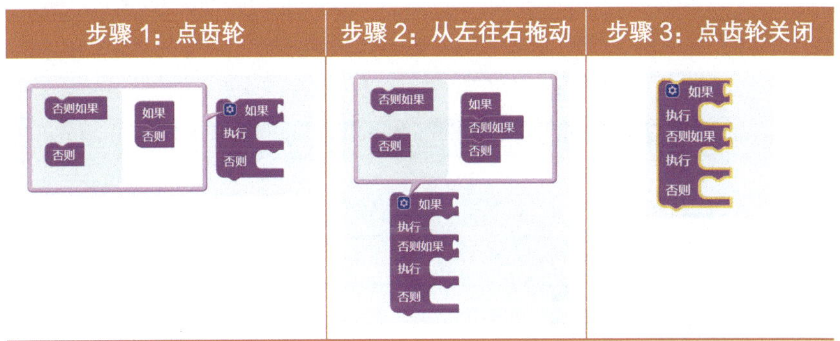

程序实现

```
一直重复
执行 将变量 s 设定为 声音值
     OLED 显示 清空
     OLED 第 1 行显示 转为文本 s 模式 普通
     OLED 显示生效
     如果 s ≤ 100
     执行 设置 0# RGB 灯颜色为 [绿色]
     否则如果 s ≤ 200
     执行 设置 0# RGB 灯颜色为 [黄色]
     否则 设置 0# RGB 灯颜色为 [橙色]
     等待 1 秒
```

任务二 图形化的音量检测仪

说明：掌控板检测当前环境声音的大小，检测的声音值采用进度条的形式反映在屏幕上，关键点是如何将声音的大小 0 ~ 4095 值转化为进度条的 0 ~ 100 进度，为此我们需要映射函数和进度条绘制模块。

程序实现

```
一直重复
执行 将变量 s 设定为 映射 声音值 从 0 , 4095 到 0 , 100
     OLED 显示 清空
     OLED 第 1 行显示 “音量检测仪” 模式 普通
     进度条 x 30 y 30 宽 70 高 8 进度 s
     OLED 显示生效
     等待 1 秒
```

练一练 13

设计声控灯程序。RGB 灯默认保持关闭状态，当声音超过一定值的时候，开灯 5 秒，然后继续关灯。

3.4 光线传感器

我们生活的环境中，光线强度是不断变化的，从阳光普照时刺眼的光亮，到星夜下朦朦胧胧的景象，我们用眼睛来感受光线的强弱，掌控板通过模拟光线传感器来实现这一功能。

所需程序模块

程序模块	所属类别	作用
光线值	输入	读取光线强度值

任务 光感灯

说明：当光线很强时，关闭 RGB 灯；当光线很弱时，打开 RGB 灯。

程序实现

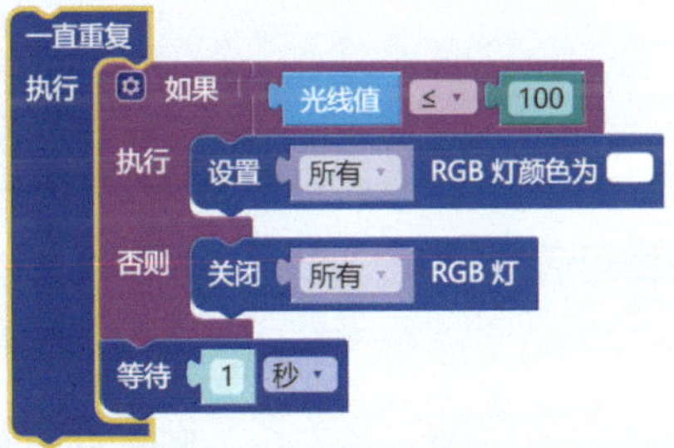

练一练 14

设计高级光感灯。在光感灯的基础上，根据光线强度大小，实现打开全部 RGB 灯或者部分 RGB 灯。

3.5 加速度传感器

在现实生活中，我们经常拿手机记录自己每天运动的步数。大家想没想过手机是如何区分正常的走路，还是无意间的小幅度晃动呢？这个计步的过程，离不开三轴加速度传感器的精确测量。

加速度传感器能够测量由于重力引起的加速度。传感器在加速过程中，通过对质量块所受惯性力的测量，利用牛顿第二定律获得加速度值。掌控板上的加速度传感器可测量加速度，测量范围为 $-2g \sim 2g$。

所需程序模块

程序模块	所属类别	作用
X 轴加速度	输入	读取 X 轴加速度
转为文本	文本	将两个子内容转为字符串连接在一起
“ ”	文本	字符串，用于存储语句
和	逻辑	“与”关系，左右两者都为真，结果才为真。还可以实现“或”关系，实现其一为真结果就为真

任务 ***X-Y-Z* 轴我知道**

说明：在显示屏上分三行显示 *X*、*Y*、*Z* 轴的数据。移动掌控板，观察运动方向与数值的变化关系，确定三个轴的方向。

程序实现

```
一直重复
执行  OLED 显示 清空
      OLED 第 1 行显示 转为文本 “X:” X 轴加速度 模式 普通
      OLED 第 2 行显示 转为文本 “Y:” Y 轴加速度 模式 普通
      OLED 第 3 行显示 转为文本 “Z:” Z 轴加速度 模式 普通
      OLED 显示生效
      等待 1 秒
```

掌控板轴方向关系：

掌控板的测量沿三个轴，每个轴的测量值是正数或负数，正轴越趋近重力加速度方向，其数值往正数方向增加，反之往负数方向减小，当读数为 0 时，表示沿着该特定轴“水平”放置。

X——向前和向后倾斜。

Y——向左和向右倾斜。

Z——上下翻转。

任务 倾倒报警器

说明：掌控板默认是水平放置状态。当掌控板发生前倾或者后倾，即当 *X* 轴发生大于 0.4 或者小于 −0.4 的加速度时，RGB 灯快速闪烁红灯两次，代表危险。

程序实现

```
一直重复
执行 将变量 g 设定为 X 轴加速度
     如果 g ≤ -0.4 或 g ≥ 0.4
     执行 设置 所有 RGB 灯颜色为
          等待 100 毫秒
          关闭 所有 RGB 灯
          等待 100 毫秒
          设置 所有 RGB 灯颜色为
          等待 100 毫秒
          关闭 所有 RGB 灯
          等待 100 毫秒
```

练一练 15

设计平稳移动提示器，检测 *X* 轴正向的加速度。当加速度小于或等于 0.4 时显示绿灯；加速度在 0.4～0.8 之间时显示黄灯；当加速度超过 0.8 时显示红灯。

3.6 磁场传感器（2.0 版本专有）

指南针，主要组成部分是一根装在轴上的磁针。磁针在地球磁场的作用下可以自由转动并保持在磁子午线的切线方向上，磁针的 S 极指向地理南极（磁场北极），利用这一性能可以辨别方向。掌控板 2.0 版本内置了可以实现指示方向的磁场传感器，它不仅可以检测地球的磁场掌握当前所处位置的方向，还可以测量磁通量。

使用磁场传感器指示方向前，需要先校准传感器，并让掌控板远离强磁场，且最好将掌控板保持裸板状态，不接其他扩展板。

所需程序模块

程序模块	所属类别	作用
校准指南针	输入	校准掌控板的磁场传感器
指南针方向	输入	获取电子罗盘的角度值，单位是度（°），范围是 0～359
磁场强度	输入	获取当前位置磁场强度
sin 45°	数学	角度的正弦值计算，还可以计算余弦、正切、余切
四舍五入 3.1	数学	四舍五入的计算，还可以调节为上入、下舍

将校准程序上传到掌控板，掌控板显示屏会出现校准的提示画面，根据显示屏提示完成校准之后，掌控板显示屏会出现“校准完成”的提示字样。

任务一 使用电子罗盘传感器检测 0° 的方向

程序实现

经试验，在掌控板正面朝上的情况下（显示屏朝上），USB 接口的方向指向北，掌控板的指南针功能实质上是指北针。当 USB 指向东时角度为 90°，指向南时，显示 180°，指向西时显示

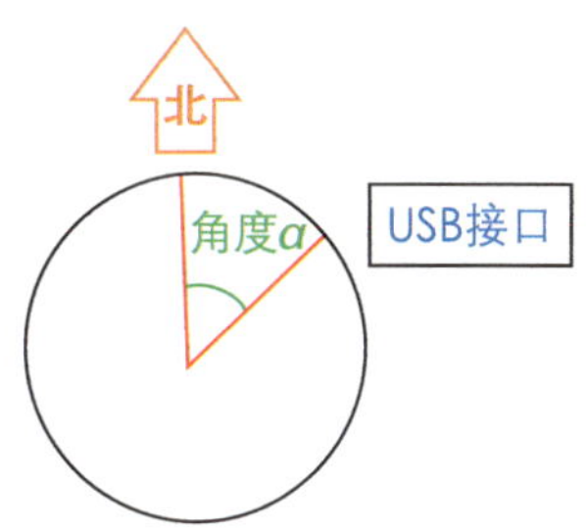

270°。即顺时针方向掌控板与地磁北极之间的夹角越大，数据越大。

任务二 图形化电子罗盘的实现

程序分析

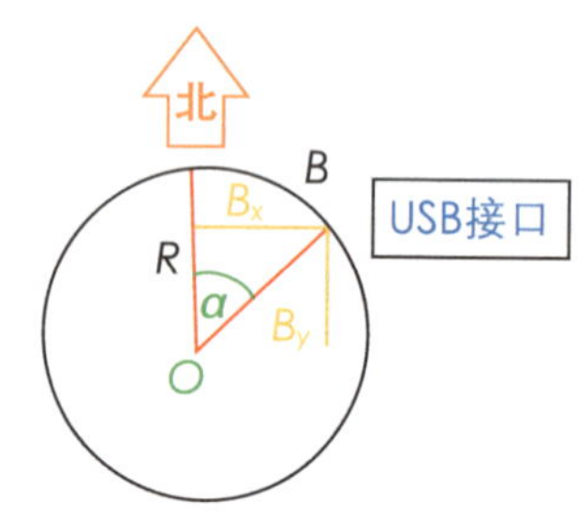

在掌控板上画一个圆，圆心位置为屏幕中心点，从圆心出发的线段 *OB* 随着指南针角度而变化。难点是理清线段终点位置 *B* 的坐标与角度的关系。可以使用图形的方式理清它们的关系。

若圆心点坐标为（0,0）点，从圆心出发的线段 *OB* 终点 *B* 的坐标为：

$B_x=R\sin\alpha$, $B_y=R\cos\alpha$，即 *B* 点坐标为（$R\sin\alpha, R\cos\alpha$）。

掌控板显示屏（0,0）点位于屏幕左上角，实际显示时圆心位置的坐标为（64,32）。需要修正 B 点显示位置的坐标，且需要注意像素点必须为整数点。绘制半径为 30 像素的圆，则程序如下：

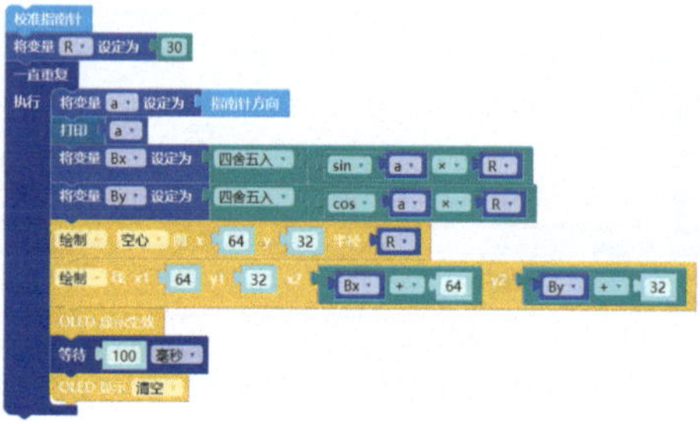

```
校准指南针
将变量 R 设定为 30
一直重复
执行 将变量 a 设定为 指南针方向
     打印 a
     将变量 Bx 设定为 四舍五入 sin a × R
     将变量 By 设定为 四舍五入 cos a × R
     绘制 空心 圆 x 64 y 32 半径 R
     绘制 线 x1 64 y1 32 x2 Bx + 64 y2 By + 32
     OLED 显示生效
     等待 100 毫秒
     OLED 显示 清空
```

任务三 金属探测器

说明：当磁场强度比较大的时候（大于 500），显示警告灯（闪烁的红灯）；强度比较小的时候，不做反应。

程序实现

```
一直重复
执行  将变量 c 设定为 磁场强度
      打印 c
      如果 c ≥ 500
      执行  重复 10 次
            执行  设置 所有 RGB 灯颜色为 [红色]
                  等待 10 毫秒
                  关闭 所有 RGB 灯
                  等待 10 毫秒
```

程序烧录成功之后，用掌控板来进行物品探测测试，会发现除了强磁铁之外，电脑屏幕、手机等也会出现红色警号灯，说明家用电器有比较强的电磁场。

练一练 16

更改程序，实现表针指向正南的指南针。

3.7 中断机制——晃动检测与按钮的中断化应用

日常生活中有这样的场景：你正准备睡觉，突然手机铃声响起来了，你只能起来接电话，至少是起来看下手机屏幕。不论怎样，你的睡觉过程已经被中断了。

程序中也有这种中断机制。程序中断是指主机执行现行程序的过程中，出现某些急需处理的异常情况和特殊请求，暂时终止现行程序，而转去对随机发生的更紧迫的事件进行处理，在处理完毕后，自动返回原来的程序继续执行。

中断中的程序，执行优先级高于顺序、分支和循环结构。利用中断的这种模式我们可以完成特定的很有意思的程序。

所需程序模块

程序模块	所属类别	作用
当掌控板 被摇晃 时 执行	输入	发生摇晃的动作，运行“执行”后面的程序
当按键 A 被 按下 时 执行	输入	采用中断模式，检测按钮 A 是否被按下。可以更改为 B
当触摸键 P 被 触摸 时 执行	输入	采用中断模式，检测触摸键 P 是否被触摸，执行对应的程序

任务一 检查中断的优先级

LED 默认间隔 1 秒顺序显示 1~5 的报数，当发生晃动时显示“T”5 秒。

程序实现

```
一直重复
执行 使用 i 从范围 1 到 5 每隔 1
     执行 OLED 显示 清空
          OLED 第 1 行显示 转为文本 i 模式 普通
          OLED 显示生效
     等待 1 秒

当掌控板 被摇晃 时
执行 OLED 显示 清空
     OLED 第 1 行显示 “T” 模式 普通
     OLED 显示生效
     等待 1 秒
```

结论：程序默认顺序显示 1 ~ 5 的数字，晃动时确实显示 T，说明中断的优先级高于普通结构的程序。

任务二 电子骰子

玩大富翁游戏的时候，我们会用到骰子，大家采用投骰子的方法，随机得到 1～6 的数字。下面我们通过使用检测手的摇晃产生随机数完成电子骰子程序。

所需程序模块

程序模块	所属类别	作用
从 1 到 100 之间的随机整数	数学	产生 1～100 的随机数，可以想象为 100 个面的骰子，标记为 1～100，随机投骰子决定一个数

程序思路

当发生摇晃时，将随机产生的 1～6 的数显示在显示屏上。

程序实现

任务三 两按钮控制 RGB 灯程序

观察下面的程序，查看 A 和 B 两个按钮能否实现灯的开关效果。若不能实现此效果，分析一下为什么？怎样更改程序才能实现此效果？

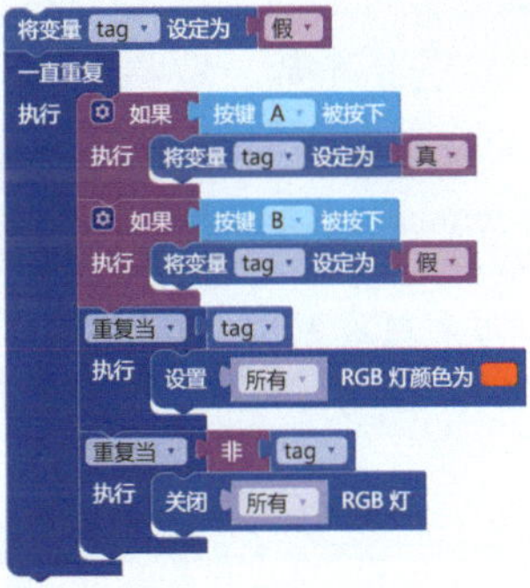

程序的执行结果是：RGB 灯永远处于关闭状态，因为 tag 初始时为“假”，使程序陷入永远的关闭灯的死循环中。

练一练 17

修改本小节的 A、B 按钮控制灯程序，使用按钮中断完成正确的程序。

3.8 自定义函数——质数的判断

下面我们挑战一下掌控板不擅长的计算领域，使用这块板子解决一个数学问题——质数的判断。

质数是只能被 1 和它本身整除的整数。

假定 x 是质数，设定 tag 标记为“真”。

怎么判断一个大于 2 的数 x 是否是质数呢？从 2 开始：

测试 2 能否整除 x，能整除（余数为 0）则不是质数，tag 设置为“假”；

测试 3 能否整除 x，能整除（余数为 0）则不是质数，tag 设置为“假”；

……

测试 x/2（x 的一半，若是小数，取整数部分即可）能否整除 x，能整除（余数为 0）则不是质数，tag 设置为“假”。

经过从 2 到 x/2 的测试，如果最终的标记是 tag 为“真”，则说明 x 是质数，否则这个数不是质数。

所需程序模块

程序模块	所属类别	作用
int	数学	将小数直接截取舍去，转为整数。输入 4.9，采用这个方式操作结果为 4
64 ÷ 10 的余数	数学	求余数操作。64 与 10 的余数为 4

程序实现

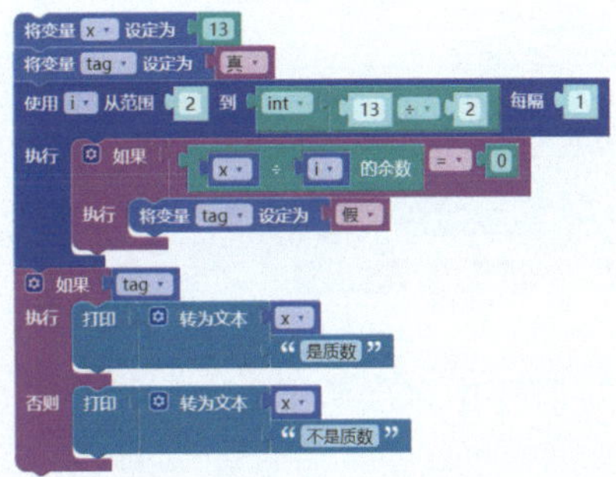

经过测试显示“13 是质数”。修改 x 的值为 18 显示“18 is false”，即 18 不是质数。

如果我们要判断一串无规律的数是否是质数呢？比如 13、27、39、48。如果判断质数的代码是一个模块就方便了，使用时可多次调用这个模块。mPython 中函数功能可以实现这个操作。

所需程序模块

程序模块	所属类别	作用
定义函数 my_func 返回	高级→函数	声明有返回值的函数 my_func,返回值需要对接到结尾。函数的参数需要设置齿轮的方式实现

续表

程序模块	所属类别	作用
ZhiShu 与: x	高级→函数	使用自定义的质数 ZhiShu 程序模块
0	数学	数字 0

改造后的判断是否为质数的程序代码如下：

```
定义函数 ZhiShu 参数: x
  将变量 tag 设定为 真
  使用 i 从范围 2 到 int 13 ÷ 2 每隔 1
  执行 如果 x ÷ i 的余数 = 0
       执行 将变量 tag 设定为 假
  如果 tag
  执行 打印 转为文本 x
                    "是质数"
  否则 打印 转为文本 x
                    "不是质数"
  返回 tag
```

这个函数可以在程序中多次调用：

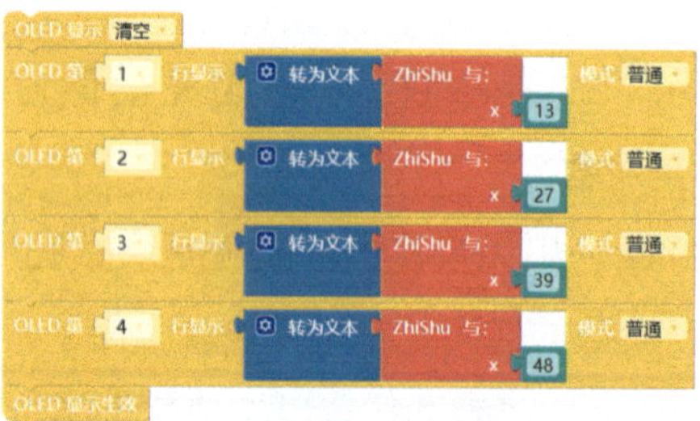

自定义函数的作用是可以简化无规律重复工作的代码。

练一练 18

使用自定义函数改造自己已经编写的程序，体验自定义函数的使用过程。

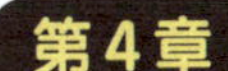

第4章

掌控板创意小程序

4.1 自动出题器

说明：按 A 键，随机出加法题，被加数和加数范围是 1 ~ 99 的随机整数。按 B 键，显示所出题目的式子和结果。

程序实现

```
当按键 A 被 按下 时
执行 将变量 a 设定为 从 1 到 99 之间的随机整数
     将变量 b 设定为 从 1 到 99 之间的随机整数
     将变量 c 设定为 a + b
     OLED 显示 清空
     OLED 第 1 行显示 转为文本 a “+” b “=” 模式 普通
     OLED 显示生效

当按键 B 被 按下 时
执行 OLED 显示 清空
     OLED 第 1 行显示 转为文本 a “+” b “=” c 模式 普通
     OLED 显示生效
```

4.2 创意工牌

说明：

常规状态下，掌控板上显示姓名、电话、单位和“——更多信息请按 P——”信息。

P 键被触摸，显示四行信息：第一行“Y：二维码显示”，第二行“TH：应急夜灯（T 开/H 关）”，第三行“O：噪声检测仪”，第四行“N：返回工牌状态”。

Y：实现二维码显示功能。

T：实现打开 RGB 灯功能。

H：实现关闭 RGB 灯功能。

O：采用进度条的方式实现 30 秒内最大噪声显示，每 1 秒检测一次。

N：回到常规模式显示功能。

程序实现

```
定义函数 ShowInfo
    OLED 显示 清空
    OLED 第 1 行显示 “姓名：小创客” 模式 普通 不换行
    OLED 第 2 行显示 “单位：小创客轻松玩转系列” 模式 普通 不换行
    OLED 第 3 行显示 “电话：1234567890000” 模式 普通 不换行
    OLED 第 4 行显示 “--更多信息请按P--” 模式 普通 不换行
    OLED 显示生效

ShowInfo

当触摸键 P 被 触摸 时
执行 OLED 显示 清空
    OLED 第 1 行显示 “Y：二维码显示” 模式 普通 不换行
    OLED 第 2 行显示 “TH：应急夜灯(T开/H关)” 模式 普通 不换行
    OLED 第 3 行显示 “O:噪音检测仪” 模式 普通 不换行
    OLED 第 4 行显示 “N:返回工牌状态” 模式 普通 不换行
    OLED 显示生效

当触摸键 Y 被 触摸 时
执行 OLED 显示 清空
    坐标
    x 0
    y 0
    绘制二维码 “https://www.mpython.cn”
    58 * 58
    OLED 显示生效
```

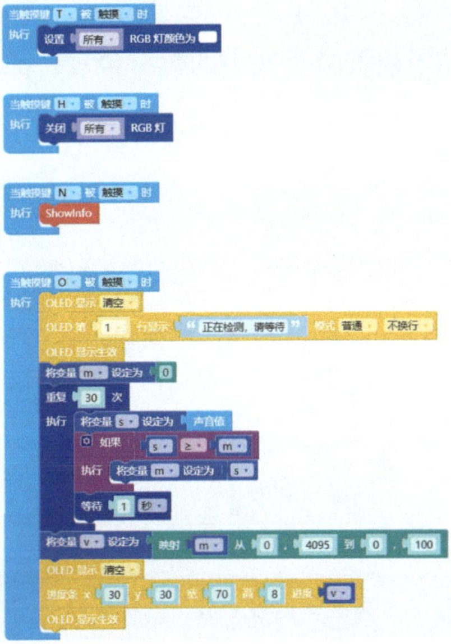

4.3 随机抽奖器——列表的使用

说明：初始时，屏幕显示“随机抽奖器”字样，同时加载抽奖人的信息。A 键被按下，屏幕上随机出现名字，每 100 毫秒轮换一次。B 键被按下，屏幕滚动停止，且显示中奖人姓名与中奖字样。

程序思路

需要设置状态变量 state，当 state 为 0 时为系统初始状态。当 state 为 1 时，代表 A 键被按下状态，进行抽奖操作。当 state 状态为 2 时代表开奖状态。

为了存储一系列姓名（names）信息，需要使用到“列表”这一容器，列表可以简单地理解为可以存储一系列连续数据的盒子。将数据存储到这一统一、连续的盒子中，可以方便数据的查找和管理等操作。

程序中还使用到 l、p、person 三个变量。l 用于存储列表的成员个数，p 用于存储当前被随机抽中的数字位置，person 代表当前被随机抽中的人。

所需程序模块

程序模块	所属类别	作用
 初始化列表	高级→列表	初始化列表，可以初始化数字或文本数据，列表项可以通过齿轮按钮进行配置，用于删除或增加项目
 的长度	高级→列表	获取列表中成员的个数，即列表中存在几项数据
 在列表中 初始化列表 [ ] 移除 第	高级→列表	移除列表中的第 n 个成员，注意列表成员的标号从 0 开始计数。更改参数可以实现第 n 个成员的获取

程序实现

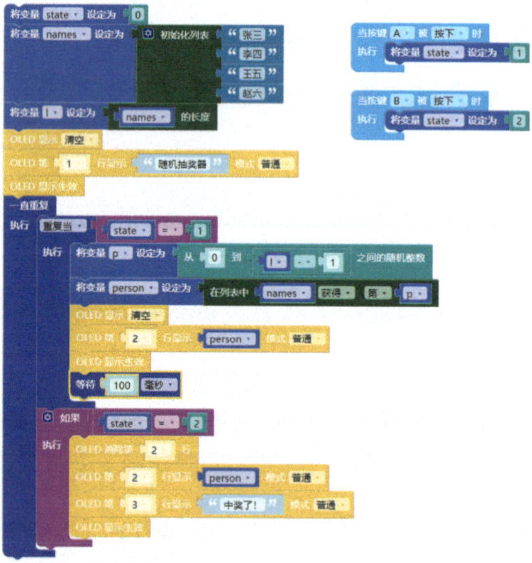

4.4 小小水平仪

水平仪是一种测量小角度的常用量具，用于测量相对于水平位置的倾斜角、机床类设备导轨的平面度和直线度、设备安装的水平位置和垂直位置等。

我们采用掌控板的获取 *X* 轴和 *Y* 轴倾角的功能完成水平仪的制作。

所需程序模块

程序模块	所属类别	作用
X 轴倾斜角	输入	掌控板的 X 轴倾斜角度

说明：在掌控板屏幕中心显示水平和垂直的两条线，代表屏幕的中心位置。实心小球的位置用于表示掌控板的倾斜状态。随着掌控板的 x 和 y 的倾斜角度，在屏幕的对应位置显示实心小球。

程序思路

掌控板的 *X* 轴倾斜角度为 −90° ~ 90°，*Y* 轴倾斜角度为 −90° ~ 90°。

掌控板的屏幕坐标为（px,py），px 范围为 0 ~ 127，py 范围为 0 ~ 63，且需要为整数。

注意，掌控板 *X* 轴角度对应屏幕的 py，*Y* 轴角度对应 px，采用映射函数完成数值映射，在对应位置显示小球即可。

程序实现

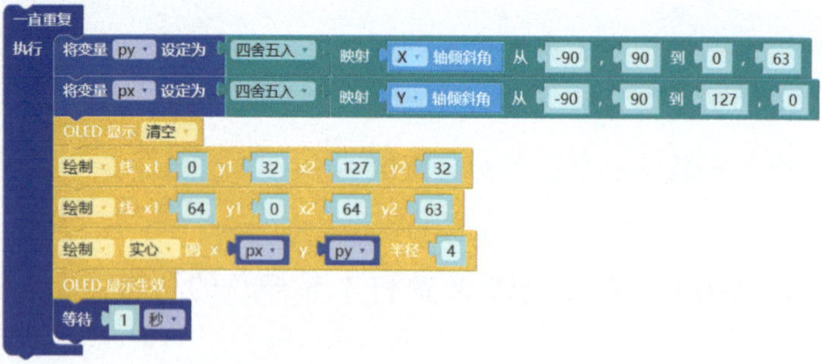

```
一直重复
执行 将变量 py 设定为 四舍五入 映射 X 轴倾斜角 从 -90 , 90 到 0 , 63
     将变量 px 设定为 四舍五入 映射 Y 轴倾斜角 从 -90 , 90 到 127 , 0
     OLED 显示 清空
     绘制 线 x1 0 y1 32 x2 127 y2 32
     绘制 线 x1 64 y1 0 x2 64 y2 63
     绘制 实心 圆 x px y py 半径 4
     OLED 显示生效
     等待 1 秒
```

4.5 虚拟托球小游戏

说明：采用掌控板为道具完成“乒乓球托球跑游戏”。游戏规则：游戏参与者，需带着掌控板跑动。跑动过程中要求掌控板尽量保持水平状态，虚拟球体随着方向的倾斜会在屏幕上进行 *X* 轴和 *Y* 轴的偏移。当倾斜角度超过 ± 15° 时，判定倾角过大，球会滚出屏幕，则游戏失败。成功跑到终点，未发生倾角过大的队伍根据时间长短定成绩。

程序分析

用变量 t 代表游戏的状态：0 为未开始，1 为进行中，2 为失败。

A 键用于开始游戏。

初始化时，掌控板画面显示“保持水平，A 键开始”。

游戏进行：A 键被按下，t 变为 1，球体会随着倾角来回滚动。球体滚动的方位代码可以参照“小小水平仪”的映射方式，但不同点是本程序要求倾斜 ± 15° 时，实心球显示在球拍面上，倾角过大时球体会滚出屏幕，所以需要调整屏幕的映射值范围。

时刻判断倾角是否超过 ± 15°，若超过则变量设置为 2，游戏失败，显示游戏失败画面。

程序实现

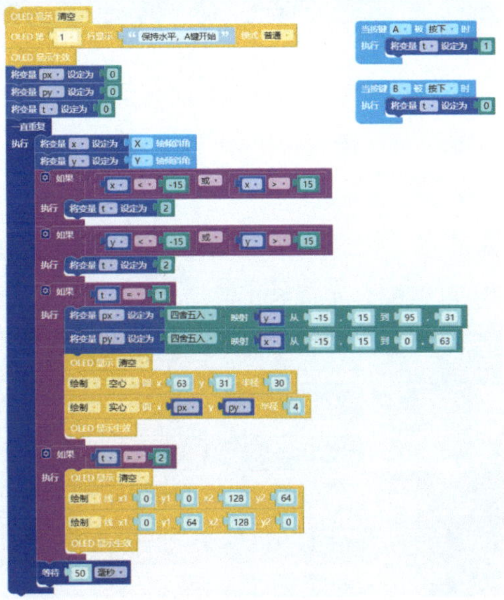

第 5 章

掌控板的扩展

小巧的掌控板除了使用内置的传感器和执行器工作外，还可以通过底部的扩展引脚扩展连接支持 3.3V 的其他传感器、舵机、减速电机等，实现更为强大的功能。

掌控板正面的六个引脚一般作为触摸传感器使用。此外，Y、T、H 三个引脚还可以配合实现 SPI 通信功能。

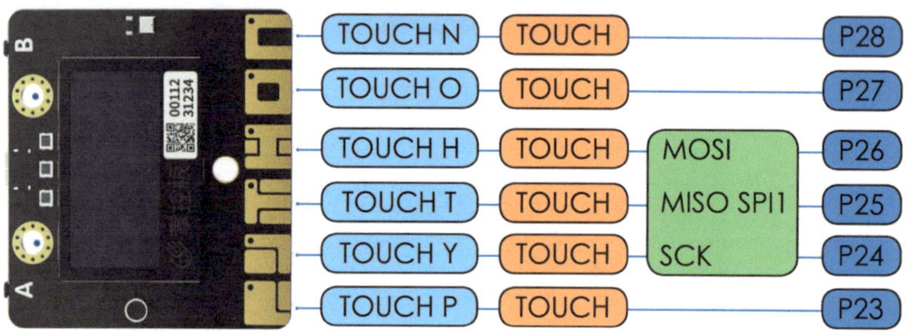

掌控板背部引脚与 micro：bit 正面的引脚兼容，所以掌控板使用 micro：bit 的扩展板需要反插。

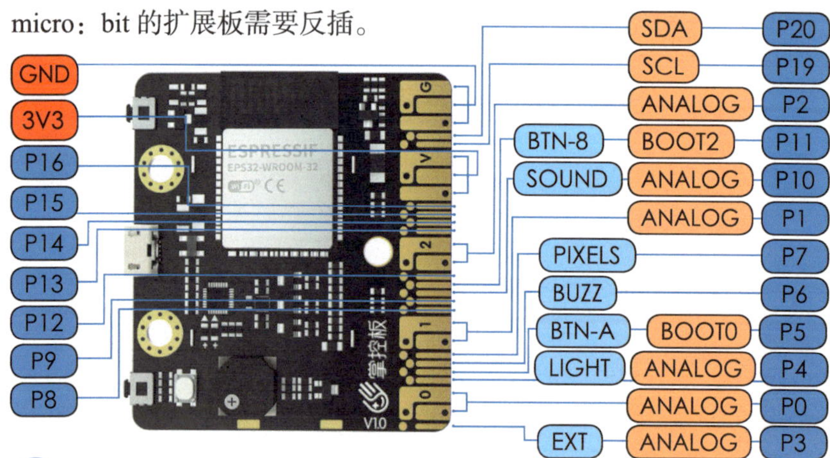

掌控板以下引脚已经在掌控板内部承担固定功能。当使用内部机构时请不要使用以下引脚。

引脚	功能
P4	模拟输入，连接掌控板光线传感器
P5	数字输入，模拟/数字输出，连接掌控板按键 A，Neopixel
P6	数字输入，模拟/数字输出，连接掌控板蜂鸣器，不使用蜂鸣器时，可以作为数字 I/O 使用，Neopixel
P7	数字输入，模拟/数字输出，连接掌控板 RGB LED
P10	模拟输入，连接掌控板声音传感器
P11	数字输入，模拟/数字输出，连接掌控板按键 B，Neopixel
P12	保留引脚，不能被使用
P19	数字输入，模拟/数字输出，I^2C 总线 SCL，与内部的 OLED 和加速度传感器共享 I^2C 总线，Neopixel
P20	数字输入，模拟/数字输出，I^2C 总线 SDA，与内部的 OLED 和加速度传感器共享 I^2C 总线，Neopixel

其他引脚，除 P2 和 P3 引脚只能作为输入引脚外，其他都可以作为输入 / 输出引脚，功能如下：

引脚	类型	功能
P0	I/O	模拟/数字输入，模拟/数字输出，TouchPad
P1	I/O	模拟/数字输入，模拟/数字输出，TouchPad
P2	I	模拟/数字输入
P3	I	模拟输入，连接掌控板 EXT 鳄鱼夹，可连接阻性传感器
P8	I/O	数字输入，模拟/数字输出，Neopixel
P9	I/O	数字输入，模拟/数字输出，Neopixel
P13	I/O	数字输入，模拟/数字输出，Neopixel
P14	I/O	数字输入，模拟/数字输出，Neopixel
P15	I/O	数字输入，模拟/数字输出，Neopixel
P16	I/O	数字输入，模拟/数字输出，Neopixel

可以更加简单地记忆，P0～P3 可以连接模拟传感器；P8、P9 和 P13～P15 可以连接数字传感器，还可以全功能输出。

5.1 多样的掌控板扩展板

外接传感器可以通过鳄鱼夹直接连接到掌控板的扩展引脚上，完成掌控板的扩展工作。不过使用鳄鱼夹固定，存在连接难度比较大的问题。为了简化器件的连接，各种形式的扩展板就登场了。它们各自有各自的“独门绝活”，可以将掌控板强化为不同的形态。比较典型的几种如下：

掌控宝 	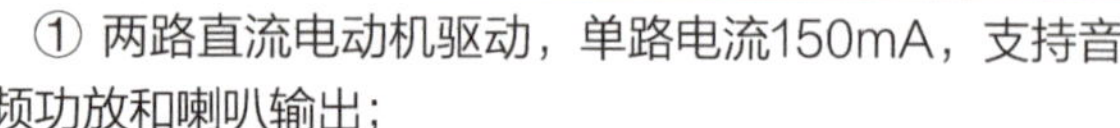① 两路直流电动机驱动，单路电流150mA，支持音频功放和喇叭输出； ② 支持文字转语音（text to speech）的语音合成； ③ 扩展12路I/O接口、2路I^2C接口； ④ 支持锂电池供电和外接USB电源供电； ⑤ 支持扩展工作电压为3.3V的传感器； ⑥ 扩展接口位于两侧
百灵鸽	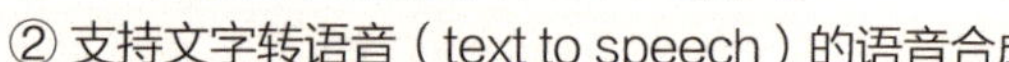① 3PIN标准传感器接口、3个I^2C接口； ② 支持文字转语音（text to speech）的语音合成； ③ 可提供8路9g舵机的电源； ④ 内置功放喇叭，可以外接音箱； ⑤ 内置温/湿度传感器； ⑥ 支持扩展工作电压为3.3V的传感器； ⑦ 扩展接口位于背部
鳄霸王 	① 将掌控板变为编程学习机的扩展板； ② 支持物理遥杆、大A/B键、红外遥控； ③ 扩展两路I/O、1路I^2C接口； ④ 内置电池； ⑤ 带TF卡插槽

续表

micro：bit I/O 扩展板 	① 兼容micro:bit和掌控板两种主板； ② 10路数字/模拟3PIN口，2路I^{2}C口以及1路UART口； ③ 板载2路电动机驱动，且不占用额外引脚； ④ 板载PH2.0及micro USB两种供电口
掌控板 I/O 扩展板 	① 供电：5V micro USB 接口； ② I/O 扩展口（3.3V）：P0、P1、P3、P4、P5、P6、P7、P8、P9、P10、P11、P12、P13、P14、P15、P16、P19、P20； ③ 2 组 I^{2}C 接口（3.3V）； ④ HuskyLens 专用 I^{2}C 接口（5V）

本书采用百灵鸽 2.0 版作为掌控板的扩展板，主要考虑的是它外观比较规整，且向后扩展标准 3PIN 传感器的连接方式有利于与 3D 结合制作作品。另外，它还板载温/湿度传感器和可播放优美音乐的带功放的喇叭。

百灵鸽的温/湿度传感器的调用方法如下：

程序模块	所属类别	作用
I2C 温度	扩展→Bluebit	获取 I^{2}C 接口的温度传感器的温度值

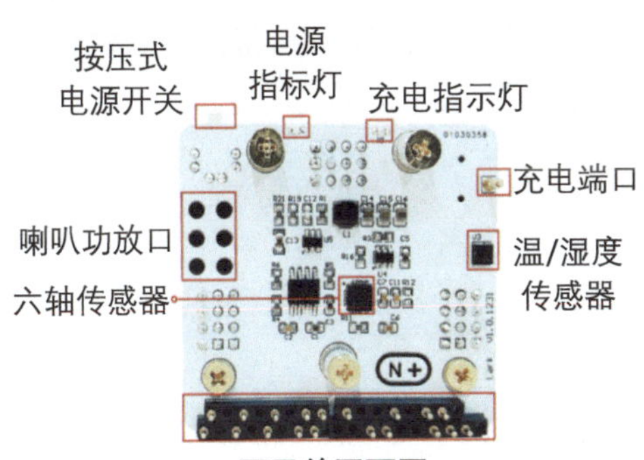

百灵鸽正面图

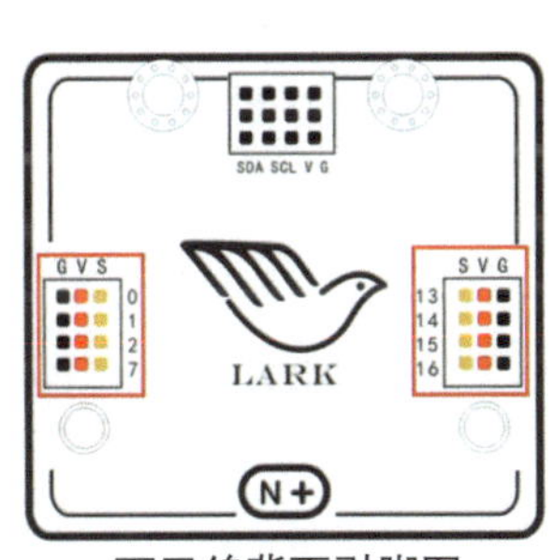

百灵鸽背面引脚图

5.2 数字输出的扩展

现实生活中，有很多元件有开、关两种状态，比如电灯的开关、继电器的开合状态。掌控板的数字输出可以完成这些器件的接通与断开。

任务 外接 LED 灯通断

说明：LED 灯，特别是直径 10mm 的高亮 LED 灯，是制作很多作品眼睛等的重要器材。本任务的目标是通过引脚驱动外接的 LED 灯。

器材：

模块化 LED 灯	高亮 LED 灯
数字食人鱼 LED 发光模块（红、黄、绿等颜色）	可以承受 5V、直径 10mm 的高亮 LED 灯
3 芯 PH2.0 插头进行连接	只连接信号和 GND 引脚，LED 灯的负极金属片比正极大，三芯标准传感器连接线黑色为负极，蓝色或绿色线为信号线
优势是多种颜色的 LED 模块	光亮很强，外形比较圆润，适合作为作品的眼睛等。

电路连接图：

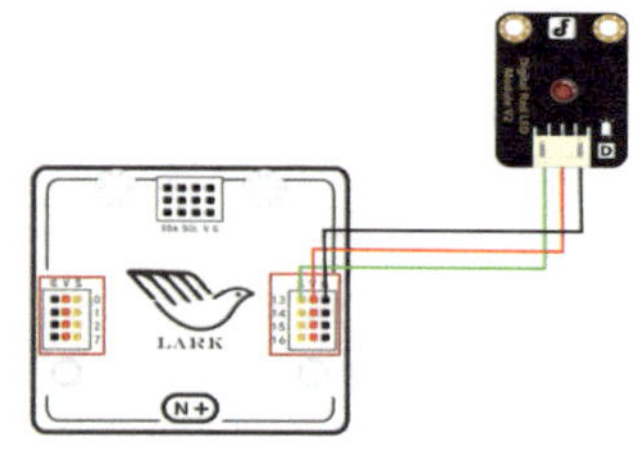

所需程序模块

程序模块	所属类别	作用
设置引脚 P0 数字值为 HIGH	高级→引脚	设置引脚 P0 的状态为 HIGH

程序实现

```
一直重复
执行 设置引脚 P13 数字值为 HIGH
     等待 1 秒
     设置引脚 P13 数字值为 LOW
     等待 1 秒
```

练一练 19

外接三盏 LED 灯，实现这三盏灯的流水灯效果。

5.3 PWM 输出的扩展——灯的模拟性

现实生活中，还有些灯能够调光。为了保护眼睛，这种灯在开启灯光的过程中，会出现从暗逐渐变亮的过程。灯在工作过程中，还可以通过调节按钮实现不同亮度。掌控板只能进行数字信号的输出，但是可以通过 PWM 功能完成模拟输出操作。

PWM，就是脉冲宽度调制，用于将一段信号编码为脉冲信号（方波信号），是在数字电路中达到模拟输出效果的一种手段，即使用数字电路产生占空比不同的方波（一个不停在开与关之间切换的信号）来控制模拟输出。我们要在数字电路中输出模拟信号，就可以使用 PWM 技术实现。在单片机中，我们常用 PWM 来驱动 LED 的暗亮程度、电动机的转速等。

PWM 对模拟信号电平进行数字编码，也就是说通过调节占空比的变化来调节信号、能量等的变化。占空比就是指在一个周期内，信号处于高电平的时间占据整个信号周期的百分比。

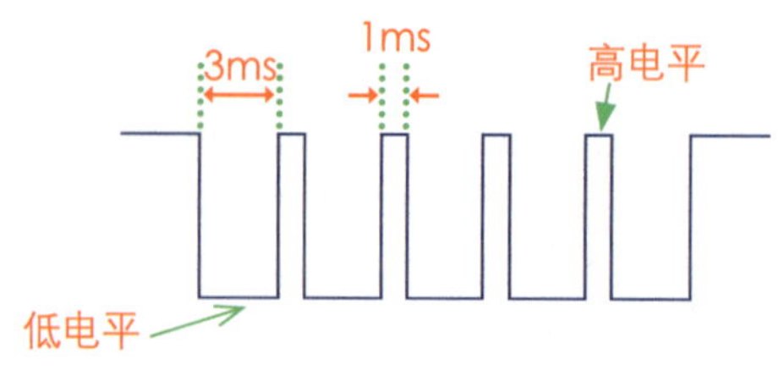

占空比为25%的信号

在高电平为 3.3V 时，占空比为 25%的脉冲信号模拟的电压值为 0V × 75% + 3.3V × 0.25 = 0.825V，即实现高电平的 1/4 电压的信号。

掌控板 PWM 值的范围是 0 ~ 1023。

任务 会呼吸的 LED 灯

说明：实现外接 LED 灯由暗逐渐点亮的过程。即 PWM 的值由 0 逐步变为 1023，每 10 毫秒 PWM 值增加 1；由亮变暗过程，PWM 每 10ms 减少 1。

器材：使用 LED 灯与上一节相同，引脚连接相同。

所需程序模块

程序模块	所属类别	作用
设置引脚 P0 模拟值（PWM）为 1023	高级→引脚	设置引脚 P0 为 PWM 模拟输出，输出值可以为 0 ~ 1023

程序实现

```
一直重复
执行  使用 i 从范围 0 到 1023 每隔 1
      执行  设置引脚 P13 模拟值 (PWM) 为 i
            等待 10 毫秒
      使用 i 从范围 1023 到 0 每隔 -1
      执行  设置引脚 P13 模拟值 (PWM) 为 i
            等待 10 毫秒
```

练一练 20

按钮灯程序：当开灯时实现灯的逐渐点亮效果；当关灯时实现灯的逐渐变暗效果。

5.4 模拟传感器的扩展——模拟角度传感器

旋转开关在现实生活中经常会用到，例如万用表用它来更换挡位，机械风扇用旋转按钮来定时等。模拟角度传感器可以实现相同的功能。

基于电位器的模拟角度传感器的旋转角度为0°～300°，与掌控板扩展板结合使用，可以非常容易地实现与旋转位置相关的互动效果。例如调节灯光的强度、切换音乐、更改传感器的启动阈值等。

名称	图片	说明
模拟角度传感器		供电电压：3.3～5V PC； 输出类型：模拟信号； 接口模式：PH2.0-3p； 转动角度：300°； 外形尺寸：22mm×27mm； 质量：10g

任务 **可调光 LED 智能夜灯**

说明：当光线很弱时，打开 LED 灯；当光线很强时，关闭 LED 灯；LED 灯的亮度可以通过模拟角度传感器调节。

所需程序模块

程序模块	所属类别	作用
读取引脚 P0 模拟值	高级→引脚	读取模拟引脚的值
1 + 1	数学	显示两个数的和，调节参数可以实现减、乘、乘方运算

电路连接：

引脚号	器件	作用
引脚 P0	模拟角度传感器	调节 LED 灯的明暗程度
引脚 P13	LED 灯	发出光亮

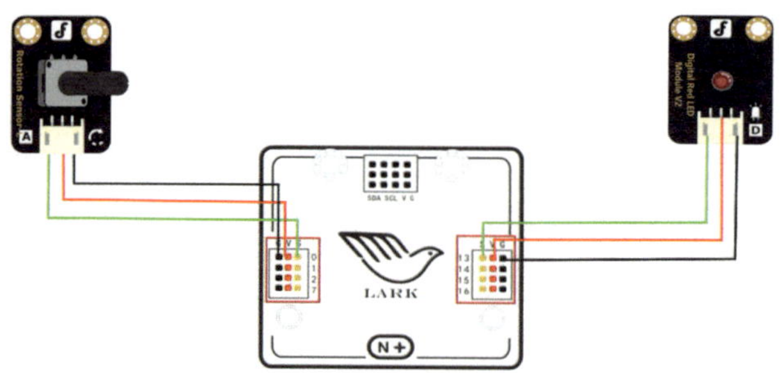

程序实现

```
一直重复
执行 如果 光线值 ≤ 1000
  执行 将变量 v 设定为 映射 读取引脚 P0 模拟值 从 0 , 4095 到 0 , 1023
       设置引脚 P13 模拟值（PWM）为 向下舍入 v
  否则 设置引脚 P13 模拟值（PWM）为 0
  等待 1 秒
```

练一练 21

能不能完成带有两个模拟角度传感器的智能 LED 灯。其中一个模拟角度传感器负责调节 LED 灯的明暗程度，另外一个模拟角度传感器负责设置启动 LED 灯的阈值。

5.5 数字传感器的扩展——触摸传感器

有时候我们对信息的多少不是很在意，只在意有、无两种状态。此时我们就会用到数字传感器。

触摸开关是基于电容感应原理实现的——人体或金属在传感器金属面上的直接触碰会被感应到。除了直接触摸，隔着一定厚度的塑料、玻璃等材料的接触也可以被感应到，感应灵敏度随接触面的大小和覆盖材料的厚度而变化。

数字触摸开关被触摸时返回值为 1，不触摸时返回值为 0。

名称	图片	说明
数字触摸开关		类型：数字信号； 供电电压：3.3～5V DC； 接口模式：PH2.0-3p； 外形尺寸：22mm×30mm

所需程序模块

程序模块	所属类别	作用
读取引脚 P0 数字值	高级→引脚	读取数字引脚的值

任务：门铃功能，当检测触摸时，扬声器发出叮咚的声音

提示：叮咚的声音是频率为 600Hz 和 400Hz 的声音频率组合。

电路连接：

引脚	器件
P13	触摸传感器

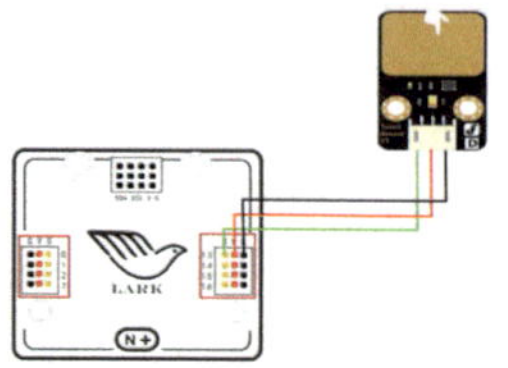

程序实现

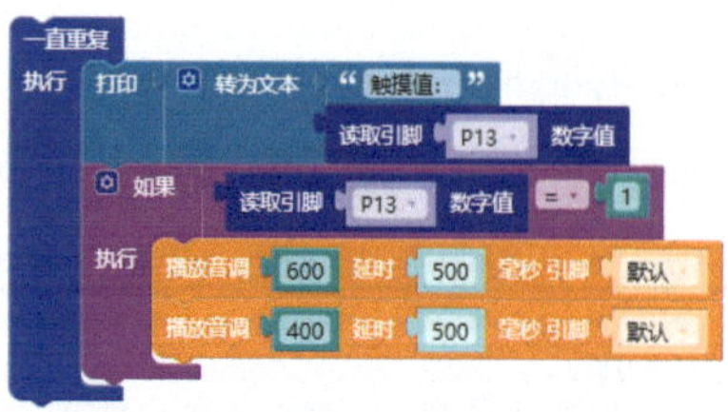

练一练 22

触摸开关灯：当触摸外接的触摸传感器，RGB 灯开灯 5 秒，然后关闭。

5.6 执行机构的扩展——舵机的扩展

喜欢玩遥控汽车的朋友会发现，现在市面上的汽车玩具经常用后轮充当前进动力，前轮用于转向。舰模中，会用到船舵进行转向。掌控板如何实现这一功能呢。为了实现这一功能，我们需要使用舵机这一电子元件。

遥控汽车除了转向轮，还需要驱动轮提供向前或者向后行进的动力。掌控板中可以使用特殊的舵机——360° 圆周舵机完成驱动轮功能。

名称	图片	说明
9g 180° 舵机		转矩：1.6kgf.cm（4.8V）； 使用温度：－30～＋60℃； 外形尺寸：23mm×12.2mm×29mm； 质量：9g； 旋转角度：0～180°
9g 360° 舵机（标签有 360 字样）		使用温度：－30～＋60℃； 外形尺寸：23mm×12.2mm×29mm； 质量：9g； 旋转角度：0～360°

任务一 门锁程序

说明：当 A 按钮被按下时，舵机打开到 60°，延迟 1 秒后，舵机归 0。实现这种类似转向的动作，需要使用 180° 舵机。

所需程序模块

程序模块	所属类别	作用
设置舵机 P0 角度为 60	高级→引脚	设置连接在 P0 引脚的舵机角度为 60°

电路连接：

引脚	器件
P0	Sg90 180° 舵机

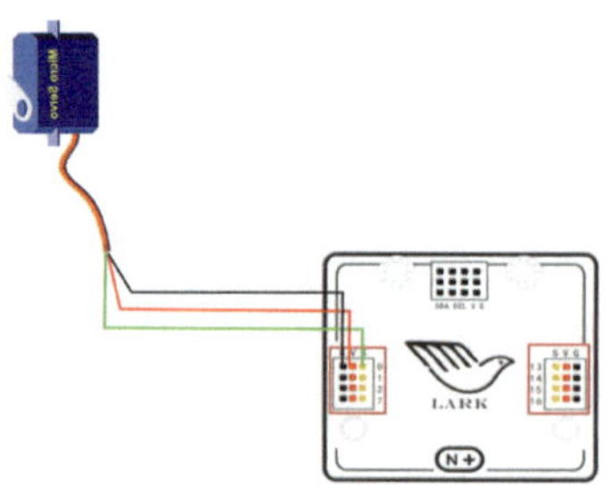

程序实现

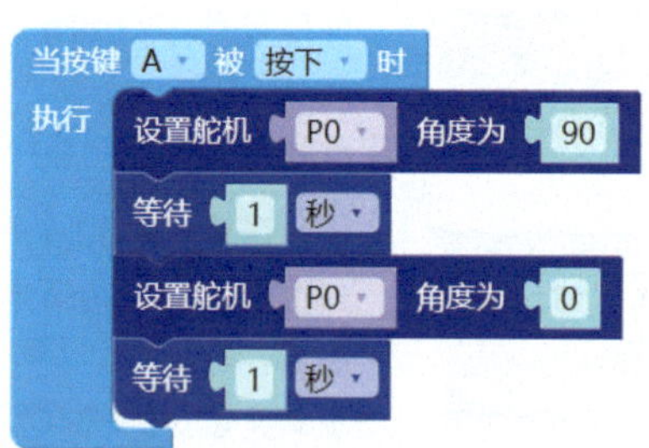

任务二 小风扇

说明：初始时风扇处于停止状态；A 键被按下，风扇开始转动；B 键被按下，重新回到初始状态。小风扇程序用到 360° 圆周舵机。

360° 圆周舵机是由 PWM 控制它的旋转速度和旋转方向，在 mPython 中封装为角度参数，当 0~90° 时是控制正转，值越小，旋转速度越大；90 ~ 180° 是控制反转，值越大，旋转速度越大。90° 时控制停止。实际使用时，由于每一个舵机的中位可能会不一样，停止值可以略微小于或大于 90°，所以需要自己实际测试出舵机的中位。圆周舵机只能连续旋转，不能定位，也没法知道它的角度和圈数。

所需程序模块

程序模块	所属类别	作用
设置舵机 P0 角度为 60	高级→引脚	设置连接在 P0 引脚的舵机角度为 60°

电路连接：

引脚	器件
P0	Sg90 360° 舵机

程序实现

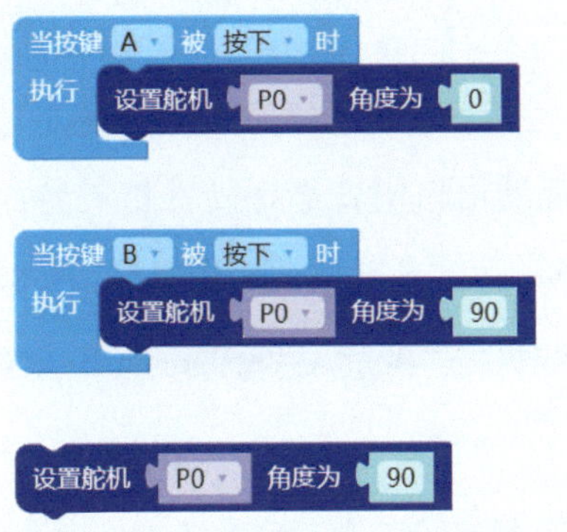

练一练 23

改写程序，实现按一下舵机运行到 90°，再按一下舵机归零。

5.7 特殊常用传感器的扩展——加载硬件扩展

除了模拟传感器和数字传感器之外，还有许多不能归到两类传感器之中的特殊传感器。

在 mPython 中，通过“通用传感器”的软件扩展包，可以加载通用传感器的模块，步骤如下。

第一步：点击 mPython 主界面程序列表中的扩展菜单，在扩展菜单中点击“添加”按钮。

第二步：在出现的窗口中，选择硬件扩展界面中的“通用传感器”栏目下的“加载”按钮，完成通用传感器的程序加载工作。

第三步：在 mPython 程序列表界面中，找到“通用传感器”类别，打开此类别，可以看出 mPython 支持 DHT11 和 DHT22 温/湿度传感器、BME280 气象传感器、超声波传感器、红外发射和红外接收等一系列传感器。这个列表随着扩展会一直更新。

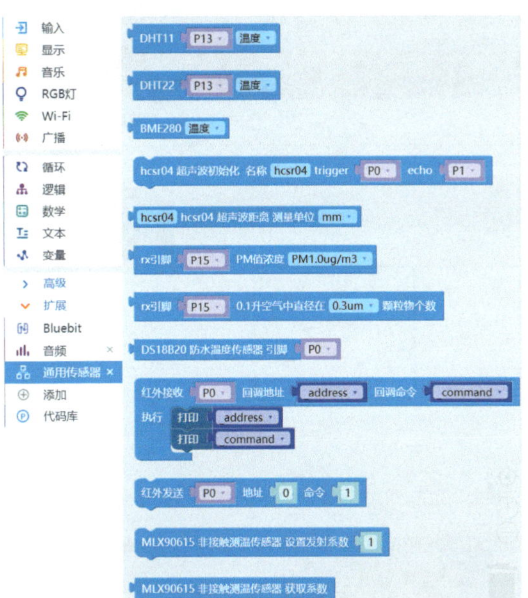

任务一 小小气象站

说明：DHT11 和 DHT22 温/湿度传感器是使用一组信号引脚可以同时测试温度和湿度的通用传感器，可以完成简单的气象测量小任务。

所需程序模块

程序模块	所属类别	作用
DHT11 P13 温度	扩展→通用传感器	获取 DHT11 传感器获取的温度值

器材说明：

名称	图片	说明
DHT11 数字温/湿度传感器		供电电压：3.3～5V DC； 接口类型：数字； 温度范围：0～50℃，误差±2℃； 湿度范围：20%～90%RH 误差±5%RH； 外形尺寸：22 mm×32mm

电路连接：

引脚	器件
P13	DHT11 温/湿度传感器

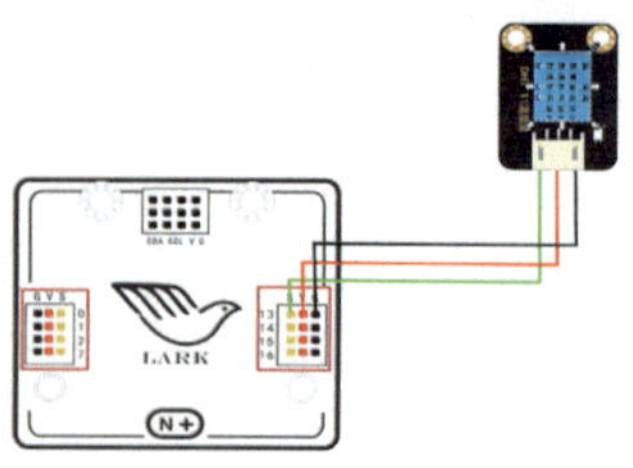

程序实现

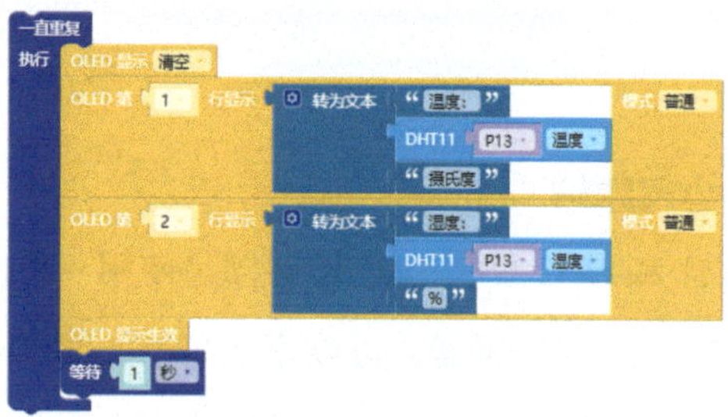

任务二 小小测距仪

说明：通过 HC-SR04 超声波传感器测定并显示距离。注意，HC-SR04 工作电压分为 5V 和 3.3V 两种，为了正常测距要使用 3.3V 的超声波传感器，若使用 5V 的超声波传感器，请外接 5V 供电。

器材说明：

名称	图片	说明
HC-SR04 超声波传感器		供电电压：3.3V/5V； 感应角度：不大于 15°； 探测距离：2～450cm； 精度：可达 0.2cm

电路连接：

引脚	器件
P0	超声波传感器的 Trig、VCC、GND
P1（仅数据）	超声波传感器的 Echo

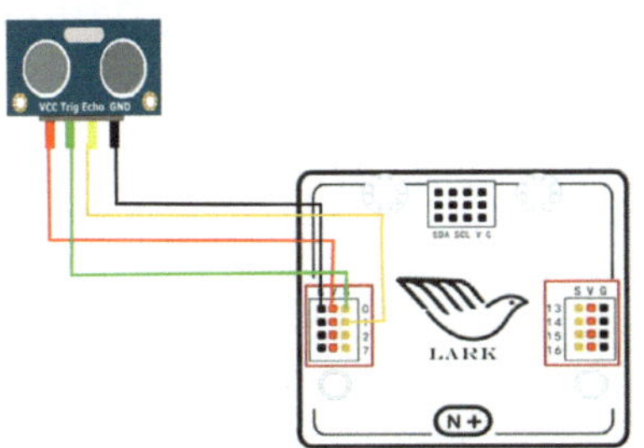

程序实现

```
hcsr04 超声波初始化 名称 hcsr04 trigger P0 echo P1
OLED 显示 清空
OLED 第 1 行显示 “测距仪” 模式 普通
OLED 显示生效
一直重复
执行
    OLED 清除第 2 行
    OLED 第 2 行显示 转为文本 hcsr04 hcsr04 超声波距离 测量单位 mm
                              “mm”                          模式 普通
    OLED 显示生效
    等待 1 秒
```

练一练 24

高级湿度计除了显示湿度外，还可以根据当前的湿度情况显示不同的文字提示。当湿度小于等于 40%时，显示干燥；当湿度介于 40%～70%时，显示舒适湿度；当湿度超过 70%时，显示潮湿。

第6章 掌控板通信功能

掌控板集成了广播、Wi-Fi、蓝牙、串口，还可以扩展红外通信等。通过使用掌控板的通信功能，可以发挥自己的创意，完成功能非常强大的作品。

6.1 无线通信

掌控板的广播通信，英文单词为 radio，代表它是无线通信方式如对讲机的形式，而不是借助路由器进行通信的 Wi-Fi 形式，联网很简单，但无加密。

使用掌控板的广播通信，诀窍与使用对讲机一致，即：

第一，组网的掌控板需要开启广播功能；

第二，组网的掌控板需要处于同一广播频道；

第三，同一时间只能有一个广播的发布者，但是可以有多个接收者。

所需程序模块

程序模块	所属类别	作用
打开 ▾ 无线广播	广播	开启掌控板广播功能

续表

程序模块	所属类别	作用
设无线广播 频道为 13	广播	设置无线的组号，只有相同组号的板子才可以实现无线通信。广播号可以设置为 1 ~ 13
无线广播 发送 “msg”	广播	通过无线发射消息“msg”
无线广播 接收消息	广播	广播接收消息
当 收到无线广播消息 msg 时 执行	广播	采用中断模式，接收无线广播消息“_msg”
当 收到特定无线广播消息 on 时 执行	广播	采用中断模式，当接收到特定消息“on”时，运行“执行”后面的代码

任务一 数字的同步显示

说明：板子 A 显示 1 ~ 9 的任意数字，板子 B 也跟着显示对应的数字。为了完成这个程序，还需要随机数的程序模块。

板子 A 程序实现

```
打开 无线广播
设无线广播 频道为 13

一直重复
执行 将变量 val 设定为 从 1 到 9 之间的随机整数
     无线广播 发送 转为文本 val
     OLED 显示 清空
     OLED 第 1 行显示 转为文本 val 模式 普通
     OLED 显示生效
     等待 1 秒
```

板子 B 程序实现

```
打开 无线广播
设无线广播 频道为 13

当 收到无线广播消息 msg 时
执行 OLED 显示 清空
     OLED 第 1 行显示 msg 模式 普通
     OLED 显示生效
```

任务二 心情表达器

说明：按 A 板的六个触摸键，分别在本地显示“高兴”“伤心”“困惑”“生气”“惊讶”“无聊”，同时发送 1、2、3、4、5、6 的消息。

B 板收到消息后，显示相应的表情包。

板子 A 程序实现

```
打开 无线广播
设无线广播 频道为 12

当触摸键 P 被 触摸 时
执行 OLED 显示 清空
     OLED 第 1 行显示 “高兴” 模式 普通 不换行
     OLED 显示生效
     无线广播 发送 “1”

当触摸键 Y 被 触摸 时
执行 OLED 显示 清空
     OLED 第 1 行显示 “伤心” 模式 普通 不换行
     OLED 显示生效
     无线广播 发送 “2”

当触摸键 T 被 触摸 时
执行 OLED 显示 清空
     OLED 第 1 行显示 “困惑” 模式 普通 不换行
     OLED 显示生效
     无线广播 发送 “3”
```

```
当触摸键 H 被 触摸 时
执行 OLED 显示 清空
     OLED 第 1 行显示 "生气" 模式 普通 不换行
     OLED 显示生效
     无线广播 发送 "4"
```

```
当触摸键 O 被 触摸 时
执行 OLED 显示 清空
     OLED 第 1 行显示 "惊讶" 模式 普通 不换行
     OLED 显示生效
     无线广播 发送 "5"
```

```
当触摸键 N 被 触摸 时
执行 OLED 显示 清空
     OLED 第 1 行显示 "无聊" 模式 普通 不换行
     OLED 显示生效
     无线广播 发送 "6"
```

板子 B 程序实现

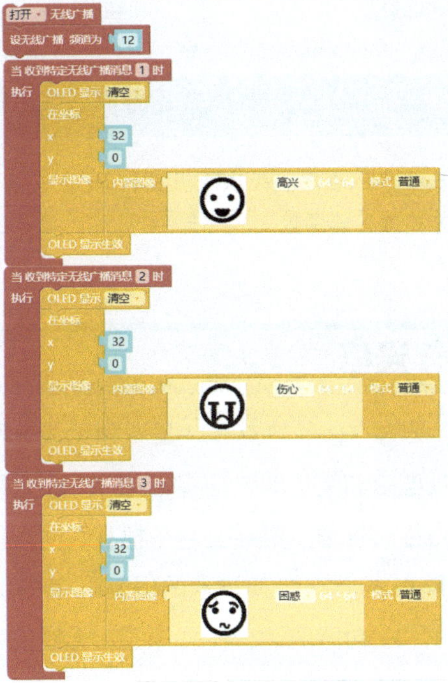

```
打开 无线广播
设无线广播 频道为 12
当 收到特定无线广播消息 1 时
执行 OLED 显示 清空
     在坐标
       x 32
       y 0
       显示图像 内置图像 高兴 64*64 模式 普通
     OLED 显示生效
当 收到特定无线广播消息 2 时
执行 OLED 显示 清空
     在坐标
       x 32
       y 0
       显示图像 内置图像 伤心 64*64 模式 普通
     OLED 显示生效
当 收到特定无线广播消息 3 时
执行 OLED 显示 清空
     在坐标
       x 32
       y 0
       显示图像 内置图像 困惑 64*64 模式 普通
     OLED 显示生效
```

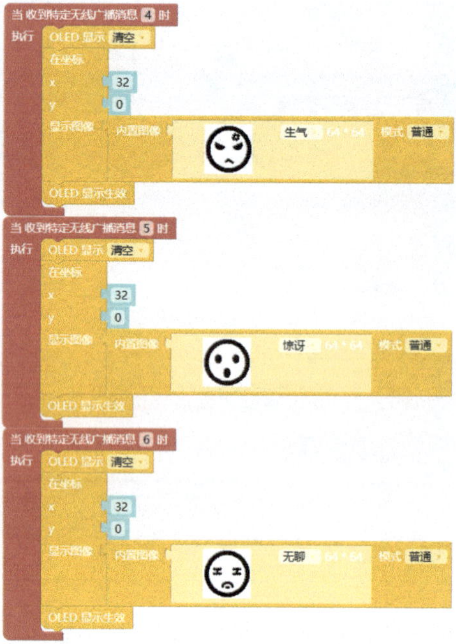

当收到特定无线广播消息 4 时
执行 OLED 显示 清空
在坐标
x 32
y 0
显示图像 内置图像 生气 64 * 64 模式 普通
OLED 显示生效

当收到特定无线广播消息 5 时
执行 OLED 显示 清空
在坐标
x 32
y 0
显示图像 内置图像 惊讶 64 * 64 模式 普通
OLED 显示生效

当收到特定无线广播消息 6 时
执行 OLED 显示 清空
在坐标
x 32
y 0
显示图像 内置图像 无聊 64 * 64 模式 普通
OLED 显示生效

练一练 25

实现 $m+n=10$ 的程序。A 板随机显示 1～9 的数，B 板根据 A 板的数显示另外的数，使两数之和等于 10。

6.2 Wi-Fi 通信

Wi-Fi 中文含义为“移动热点”，是一种无线上网方式。几乎所有智能手机、平板电脑和笔记本电脑都支持 Wi-Fi 上网，它是当今使用最广的无线网络传输技术。实际上它是把有线网络信号转换成无线信号，使用无线路由器供支持其技术的电脑、手机、平板电脑等接收。手机如果有 Wi-Fi 功能的话，在有 Wi-Fi 无线信号的时候就可以不通过移动联通的网络上网，省掉了流量费。

掌控板集成了 Wi-Fi 功能，通过这个功能可以使掌控板融入到互联网大环境中，实现互联网信息获取、物联网等功能。本节中只讨论掌控板从互联网中获取信息的功能，物联网功能将在后续的章节中独立讲解。

注意

掌控板只支持 2.4G 以下版本的 Wi-Fi 热点，为了保证掌控板的网络能够连接成功，请调节路由器到 2.4G 信号。

所需程序模块

程序模块	所属类别	作用
连接 Wi-Fi 名称 “my_wifi” 密码 “1234”		连接本地无线路的 Wi-Fi 名和密码
Wi-Fi 配置信息 IP	文本	当 Wi-Fi 连接成功时，返回掌控板的 IP 信息

任务一 掌控板 Wi-Fi 联网的实现

说明：通过输出掌控板 IP 的方式，测试是否联网成功。若联网成功，掌控板屏幕上会输出形式为“192.168.*.*”的 IP 地址信息。

程序实现

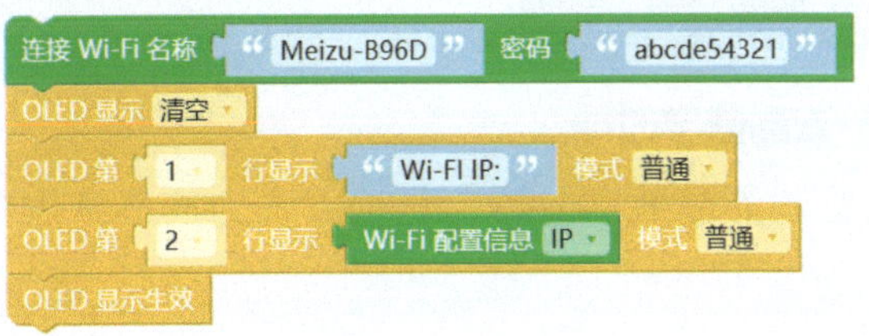

任务二 图形化圆形时钟制作

说明：初始化时，需要连接 Wi-Fi 网络，获取北京时间的授时，在屏幕上完成时钟的初始化。以 1 秒为周期永远重复执行的内容：清空屏幕后，完成时钟的读取和绘制工作。

所需程序模块

程序模块	所属类别	作用
同步网络时间 时区 东8区 授时服务器 time.windows.com	Wi-Fi	同步授时服务器的本地网络时间
初始化时钟 my_clock x 64 y 32 半径 30	显示	初始化以坐标（64,32）为圆心、半径为 30 的圆形图形化时钟
时钟 my_clock 读取时间	显示	图形化时钟读取时间
绘制 时钟 my_clock	显示	绘制图形化时钟

程序实现

```
连接 Wi-Fi 名称 “Meizu-B96D” 密码 “abcde54321”
同步网络时间 时区 东8区 授时服务器 time.windows.com
初始化时钟 my_clock x 64 y 32 半径 30
一直重复
执行 OLED 显示 清空
     时钟 my_clock 读取时间
     绘制 时钟 my_clock
     OLED 显示生效
     等待 1 秒
```

任务三 液晶数字时钟

说明：绘制液晶数字时钟，显示方式为液晶字体“09:09”的形式。

程序分析

这个程序的难点是当小时数字或分钟数字为一位时，需要在数字前补齐“0”，保证输出格式为“09:09”的形式。可以建立自定义函数 getTow 用于一位数字补齐为两位的文本。小时数字和分钟数字都可以调用这个函数。

所需程序模块

程序模块	所属类别	作用
同步网络时间 时区 东8区 授时服务器 time.windows.com	Wi-Fi	同步授时服务器的本地网络时间
本地时间 年	输入	获取本地时间中年份的信息，可以调节参数获取月、日、时、分等信息
坐标 x 0 y 0 显示 “12:34” 仿数码管 11像素 不换行	显示	以液晶字体显示数字时钟信息，可以调节参数实现大字体时钟显示

程序实现

```
定义函数 getTwo 参数: x
  将变量 s 设定为 “”
  如果 x < 10
  执行 将变量 s 设定为 转为文本 0
                              x
  否则 将变量 s 设定为 转为文本 x
  返回 s

连接 Wi-Fi 名称 “Meizu-B96D” 密码 “abcde54321”
同步网络时间 时区 东8区 授时服务器 time.windows.com
一直重复
执行 OLED 显示 清空
     坐标 x 0 y 0 显示 转为文本 getTwo 与: x 本地时间 时
                                “:”
                                getTwo 与: x 本地时间 分
        仿数码管 44像素 不换行
     OLED 显示生效
     等待 1 秒
```

任务四 天气预报的显示

说明：需要在使用 Wi-Fi 连接互联网之后获取某个天气预报的实时动态，然后将信息显示在显示屏上。

mPython 软件中，已经内置了心知天气程序模块。使用此程序模块，需要在扩展中添加应用扩展，然后选择天气模块。

使用前需登录心知天气的官网免费注册，并获取私钥才能使用天气预报功能。注册完之后，需登录控制台页面添加免费版产品。查看并记录自己的私钥，以备编程时使用。

所需程序模块

程序模块	所属类别	作用
设定 w1 为 [心知天气] 天气实况 信息 地理位置 本地 API私钥 your_private_key 语言 简体中文 温度单位 摄氏度	扩展→天气	配置心知天气的接口信息，API 私钥需要注册后填写本人对应的信息
w1 [心知天气] 天气实况 天气现象	扩展→天气	从心知天气接口获取天气现象信息
w1 [心知天气] 3天天气预报 今天 的 当天最高温度	扩展→天气	从心知天气接口获取当天的最高气温信息

程序实现

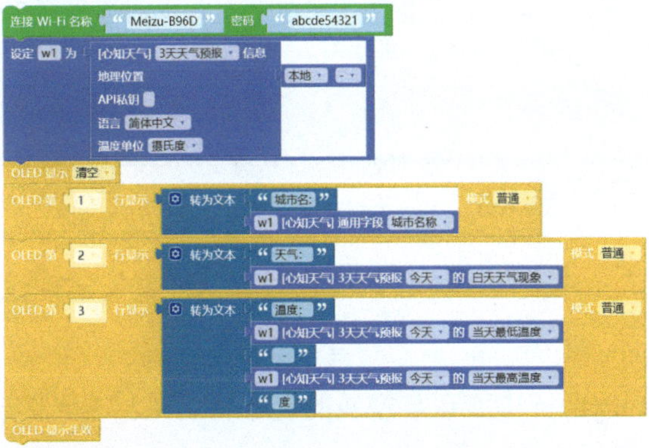

任务五 网络 MP3

说明：百灵鸽扩展板内置了功放小喇叭，不同于掌控板自带的蜂鸣器，通过这个喇叭可以播放非常优美的音乐。考虑到掌控板内存比较小，一般采用网络音乐的形式完成这个播放器的程序。采用按A键播放、按B键停止播放的音乐运行模式。

程序实现

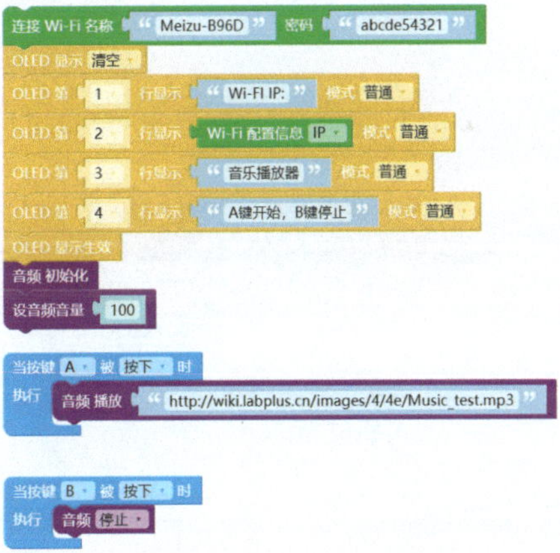

练一练 26

Wi-Fi 综合小程序：将模拟时钟与天气预报的信息显示在掌控板同一屏幕上，实现信息的融合显示。

6.3 蓝牙通信

蓝牙通信允许发送和接收蓝牙信号，这样就能实现设备与掌控板间的蓝牙通信。

如何在 mPython 中实现掌控板的蓝牙功能呢？需要扩展→Bluebit。

在 mPython 中，掌控板可以作为主设备、从设备、蓝牙串口和蓝牙设备模拟功能。本书中以较常用的蓝牙串口和蓝牙设备模拟为例，讲解掌控板蓝牙使用的过程。

任务一 蓝牙翻页笔

说明：将掌控板模拟成蓝牙翻页笔，实现 PowerPoint 演示文稿翻页功能。掌控板模拟的蓝牙设备命名为“鼠标”，这个程序需要电脑具有蓝牙功能，且配置连接“鼠标”的蓝牙设备，播放演示文稿才能查看效果。按触摸键 P，实现下一页（PageDown），按触摸键 Y，实现上一页（PageUp）。

所需程序模块

程序模块	所属类别	作用
构建 BLE HID 鼠标 对象 显示名称 “mpy_hid” 电池电量 100	扩展→Bluebit→人机交互	将掌控板模拟为蓝牙鼠标，并命名为“mpy_hid”
BLE HID设备 开始广播		开启蓝牙广播，以备电脑和手机发现
BLE HID 键盘 按下按键 键盘按键 Space		蓝牙模拟按下键盘的空格键

程序实现

构建 BLE HID 鼠标 对象
显示名称 “mouse”
电池电量 100
BLE HID设备 开始广播
OLED 显示 清空
OLED 第 1 行显示 “蓝牙鼠标” 模式 普通
OLED 第 2 行显示 “P: 下一页 Y: 上一页” 模式 普通
OLED 显示生效

当触摸键 P 被 触摸 时
执行 OLED 清除第 3 行
OLED 第 3 行显示 “下一页” 模式 普通
OLED 显示生效
BLE HID 键盘 按下按键 键盘按键 PgDn

当触摸键 Y 被 触摸 时
执行 OLED 清除第 3 行
OLED 第 3 行显示 “上一页” 模式 普通
OLED 显示生效
BLE HID 键盘 按下按键 键盘按键 PgUp

任务二 手机蓝牙控制掌控板开关灯

说明：使用手机蓝牙控制掌控板，需要手机端 APP 程序和掌控板串口程序进行通信。

安卓手机端 APP 程序可以采用 App Inventor 图形化开发环境自行开发。需要注意的是，掌控板在 mPython 中使用的是 BLE 蓝牙工作模式，开发程序的过程中需要遵循这一原则。

手机端程序说明：

程序界面	组件说明
	非可视组件：BluetoothLE1 组件，用于实现蓝牙 BLE 功能； 扫描按钮：用于进行蓝牙客户端扫描； 连接按钮：用于连接指定的掌控板客户端； 开灯按钮：发送“on”的开灯指令； 关灯按钮：发送“off”的关灯指令

程序说明：

程序执行过程中，需注意蓝牙参数服务 uiid 与字符集 cuiid 必须填写正确，掌控板才会收到手机端发布的信息。

程序实现

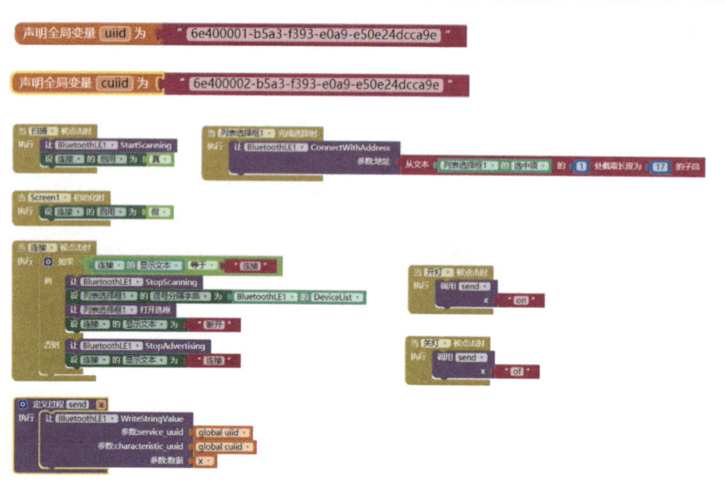

程序说明：

掌控板端程序注意的问题是需要在控制台中分析程序获取的 mess 信息。采用字符串截取的方式获取“on”或者“off”的信息。

所需程序模块

程序模块	所属类别	作用
构建 BLE UART 对象 显示名称 "mpy_uart" 缓存大小 100	扩展→Bluebit→串口透析	构建蓝牙串口对象
当 BLE UART 接收到数据时 打印 BLE UART 读取串口 缓存大小 "文"		当蓝牙串口接收到数据时，读取串口数据
从文本 "abc" 取得一段字串自# 到字符#	文本	获取指定的开始和结束位置的子字符串

程序实现

```
构建 BLE UART从机
    显示名称 “hand-bit”
    缓存大小 100
OLED 显示 清空
OLED 第 1 行显示 “蓝牙串口” 模式 普通
OLED 显示生效

当 BLE UART从机 接收到数据时
    将变量 mess 设定为 转为文本 已接收数据
    将变量 val 设定为 从文本 mess 取得一段字串自# 2 到字符# 3
    打印 val
    如果 val = “on”
    执行 设置 所有 RGB 灯颜色为
    如果 val = “of”
    执行 关闭 所有 RGB 灯
```

练一练 27

使用资源中的掌控板蓝牙控制程序完成播放音乐和关闭音乐的掌控板本地程序。

6.4 串口通信

前面的章节中，我们通过 USB 线将 mPython 中编写的程序烧录到掌控板。另外，还将传感器的数值输出到 mPython 的控制台窗口，完成信息的显示。这两种操作本质上就是掌控板与电脑的串口通信。

下面我们使用串口模块完成两块掌控板之间的数据通信工作。串口通信还适合掌控板与需要串口协议的传感器及其他开源硬件之间的通信。

使用串口程序，需要在 mPython 中添加扩展→串口。

所需程序模块

程序模块	所属类别	作用
串口 uart1 初始化 波特率 115200 tx P16 rx P15	扩展→串口	初始化串口，发送端为 P16，接收端为 P15
串口 uart1 写入文本 "abcdefg" 不换行	扩展→串口	向串口写入数据
串口 uart1 有可读数据	扩展→串口	判断串口中是否有可读数据
串口 uart1 读取一行数据	扩展→串口	从串口中读取一行数据

任务 有线电话

说明：使用两块掌控板 A 和 B 完成 A 板发送信息，B 板接收信息的程序。触摸 A 板的六个触摸键分别发出对应键名字的信息。B 板做相应的接收与显示。

使用串口通信要注意：A 板的发送需要连接 B 板的接收，A 板的接收需要连接 B 板的发送，这个是初学者特别容易做错的。两个板子通信过程中，需要保持相同的通信速率。

发送端程序实现

```
串口 uart1 初始化 波特率 115200 tx P16 rx P15

定义函数 Tmess 参数：mess
    串口 uart1 写入文本 mess 自动换行
    OLED 显示 清空
    OLED 第 1 行显示 mess 模式 普通
    OLED 显示生效

当触摸键 P 被 触摸 时
执行 Tmess 与：
        mess "P"

当触摸键 Y 被 触摸 时
执行 Tmess 与：
        mess "Y"

当触摸键 T 被 触摸 时
执行 Tmess 与：
        mess "T"

当触摸键 H 被 触摸 时
执行 Tmess 与：
        mess "H"

当触摸键 O 被 触摸 时
执行 Tmess 与：
        mess "O"

当触摸键 N 被 触摸 时
执行 Tmess 与：
        mess "N"
```

串口接收数据：接收串口的信息后，需要将其转化为字符串类型才能在屏幕上显示，且显示前需要过滤串口通信的格式化数据。通过查看控制台的输出内容，可以发现字符串的第三个字符为我们需要的数据，采用字符串取子串的方式进行提取。

```
0,cs0_drv:0x00,hd_drv:0x00
:0x00
mode:DIO, clock div:2
load:0x3fff0018,len:4
load:0x3fff001c,len:4248
load:0x40078000,len:12740
load:0x40080400,len:3248
entry 0x40080610
b'P\r\n'
b'Y\x8d\n'
b'T\r\x8a'
b'T\r\n'
b'jmK'
b'O\x0f:'
b'HC\xe1'
b'X\xcd\n'
b'O\x8dJ'
```

```
串口 uart1 初始化 波特率 115200 tx P15 rx P16
OLED 显示 清空
OLED 第 1 行显示 “串口读取” 模式 普通
OLED 显示生效
一直重复
执行  如果 串口 uart1 有可读数据
      执行  将变量 mess 设定为 转为文本 串口 uart1 读取一行数据
            打印 mess
            OLED 清除第 2 行
            OLED 第 2 行显示 从文本 mess 取得一段字串自# 2 到字符# 2 模式 普通
            OLED 显示生效
      等待 100 毫秒
```

练一练 28

修改程序，实现串口程序的双向通信，即每个掌控板都可以实现信息的发送和接收。

6.5 红外通信

生活中我们经常用遥控器打开电视、空调、投影仪等电器，并对电器进行各种控制。你是否想过这类遥控器是通过什么信号进行通信的呢？

这类遥控器所使用的技术就是红外遥控。红外遥控是一种无线、非接触控制技术，具有抗干扰能力强、信息传输可靠、功耗低、成本低、易实现等优点，被诸多电子设备特别是家用电器采用，并越来越多地应用到计算机和手机系统中。

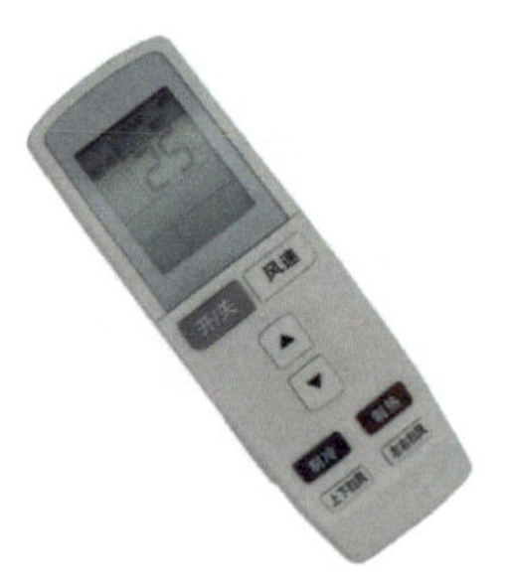

红外遥控的发射电路是采用红外发光二极管来发出经过调制的红外光波，红外接收电路由红外接收二极管、红外接收三极管或硅光电池接收信号，它们将红外发射器发射的红外光转换为相应的电信号，再送到后置放大器放大。

名称	图片	说明
数字红外接收模块		工作电压：5V； 调制频率：38kHz； 外形尺寸：25mm × 20mm； 安装孔距：14mm； 接口类型：PH2.0-3p； 信号类型：数字信号
数字红外信号发射模块		工作电压：5V； 调制频率：38kHz； 外形尺寸：25mm × 20mm； 安装孔距：14mm； 接口类型：PH2.0-3p； 信号类型：数字信号
红外遥控器		按键设置：21 个按键（数字 0～9、电源、音量等）； 电池类型：CR2025 环保纽扣电池（容量达 160mA · h）； 发射频率：38kHz； 发射距离：>8m； 有效角度：60°； 外形尺寸：86 mm × 40mm

任务一 查看红外遥控器的键值

说明：红外遥控器表面上用 1、2、3 等简单符号代表不同的按键，但实际上它们的键值不是简单的数字。我们需要连接数字红外接收模块接收键值并查看按键的实际值。

所需程序模块

程序模块	所属类别	作用
红外接收 P0 回调地址 address 回调命令 command 执行 打印 address 打印 command	扩展→通用传感器	接收红外接收器收到的红外信号并发送到串口中

通过截取字符串的方式，可以分析出各个按键对应的值。

程序实现

经测试，案例中所使用的遥控器对应的键值如下，请补充填写自己的键值表备用。

数字	0	1	2	3	4	5	6	7	8	9
键值	X0c	X10	X11	X12	X14	X15	X16	X18	X19	X1a
读者键值										

任务二 红外遥控灯

说明：使用红外遥控器控制灯的开关：1 对应开启所有 RGB 白灯，2 对应关闭所有 RGB 灯。

程序实现

```
红外接收 P0 回调地址 _address 回调命令 _command
执行 打印 _command
     将变量 var 设定为 从文本 转为文本 _command 取得一段字串自# 3 到字符# 5
     OLED 显示 清空
     OLED 第 1 行显示 var 模式 普通
     OLED 显示生效
     如果 var = "x10"
     执行 设置 所有 RGB 灯颜色为 [白]
     如果 var = "x11"
     执行 关闭 所有 RGB 灯
```

练一练 29

扩展红外遥控灯，使用遥控器完成红色、绿色、黄色灯光的显示。

第7章

掌控板的物联网功能

物联网（Internet of Things，IoT）是互联网、传统电信网等信息承载体，让所有能行使独立功能的普通物体实现互联互通的网络。通过物联网可以用中心计算机对设备、人员进行集中管理、控制，也可以对家庭设备、汽车等进行遥控，还可以搜索位置、防止物品被盗等，类似自动化操控系统，同时通过收集这些事件的数据，最后聚集成大数据，实现物物相联。

编写物联网程序，需要编写被控端掌控板和控制端两个程序，两个程序配合完成程序的实现。

编写物联网相关程序，最大的难点是被控端和控制端的通信，以及控制端程序如何编写的问题。

被控端和控制端的通信，作为云端的控制端，一般是一个公共平台，同一时间会有非常多的设备在线，如何才能识别哪一个才是自己的设备呢？“我是谁？我用什么设备？我要干什么？”是被控端必须向云平台“交代”的问题。这通常需要登录云端的控制端平台，获取对应信息，填写到被控端程序中。比较繁杂的数据获取和填写过程让初学者非常头痛。

控制端云端软件通常以网页或者 API 接口的方式提供给物联网用户，云端平台存在使用困难、物联网数据不直观的问题。

掌控板物联网程序方便地实现掌控板与物联网的通信。

SIoT 为“虚谷物联”项目的核心软件，掌控板与 SIoT 结合可以帮助中小学生理解物联网原理，并且能够基于物联网技术开发各种创意应用。因为其重点关注物联网数据的收集和导出，是采集科学数据的最好选择之一。

本书以掌控板物联网和虚谷物联两个程序为例说明掌控板的物联网程序实现。

7.1 掌控板物联网

mPython 的微信小程序功能，完美地解决了云端程序难以编写和云端程序与客户端程序接口匹配的问题。通过 mPython 软件和微信小程序“手机登录的方式”，使被控端和控制端自动做匹配，避免了用户数据对接工作。另外，微信小程序控制端程序采用轻应用的形式编写，开发难度非常小。

微信小程序控制端编写：进入“掌控板物联网”公众号，在编程工具栏目中搭好物联网自定义页面制作程序。

第一步，扫描二维码登录平台。

掌控板物联网	操作
	使用微信 APP 扫一扫功能，扫描“掌控板物联网”小程序的二维码，使用手机号登录平台

第二步，在“我的掌控板”栏目中绑定需要使用微信小程序的掌控板的网卡物理地址。掌控板的物理地址被激光雕刻在掌控板显示屏金属屏蔽罩的右下角。物理地址由 12 位十六进制数字组成。

掌控板个人首页界面如下图，默认页面为“我的掌控板”页面，这个页面反映个人绑定掌控板的情况。个人应用界面可以管理个人应用	点击首页中的“添加掌控板”按钮，进入“添加掌控板”页面，填写掌控板名称和 Mac 地址之后点击添加按钮	添加成功后，自动返回“掌控板物联网”个人首页，且设备列表出现已经绑定的掌控板
	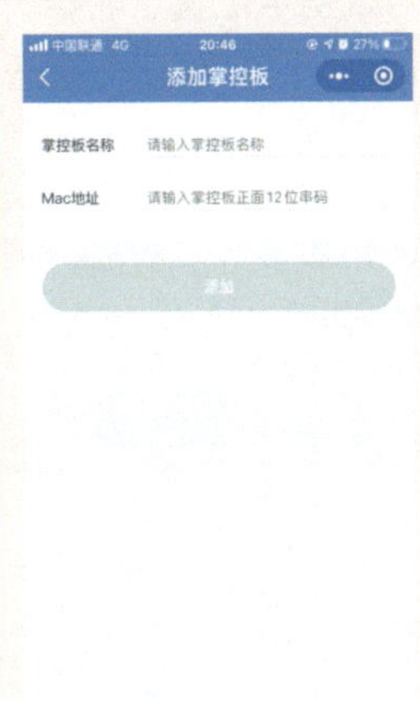	

第三步，配置物联网应用。

点击掌控板的“配置”按钮进入“我的应用”界面	点击“添加应用”按钮进入“添加应用”页面	在“添加应用”界面长按控件名称，可以删除不需要的交互控件，当然也可以增加控件。填写应用名称后点击“确定”完成应用编写
	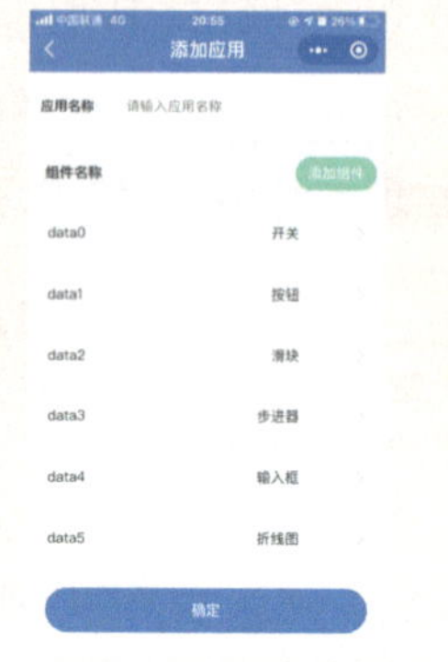	
可以点击具体的交互控件，设置按钮名称。控件的名称和值必须牢记，客户端程序编写时需要调用这两个参数	本例中配置了名称为 button 的按钮（开值为 1，关值为 0）和名称为 lightval 的折线图控件。应用名称为“物联网测试程序”	点击“确定”按钮，完成小程序编写，页面自动跳转到“我的应用”界面中，并且会出现已经编写完成的小程序列表
	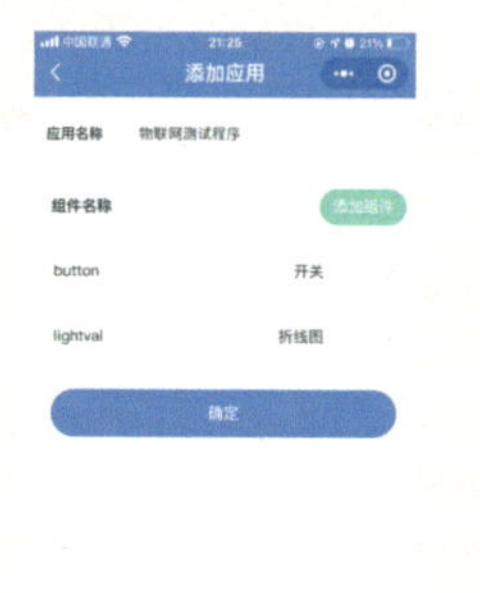	

第四步，在“我的掌控板”页面点击掌控板的配置按钮，选择已编写完成的小程序后，点击进入小程序的运行界面。需要注意的是，操作应用需要手机处于横屏状态。

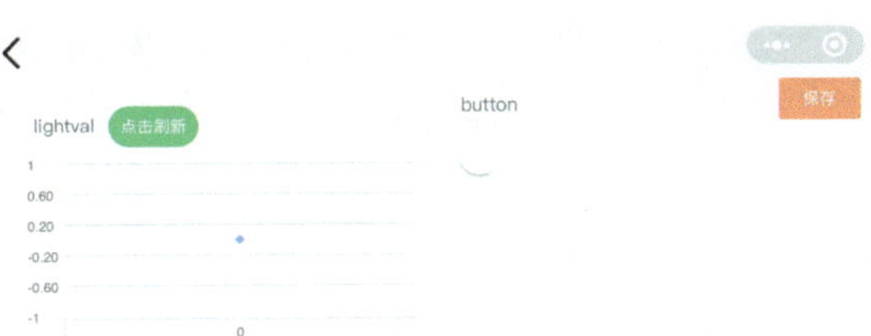

使用手机号与微信小程序相同的手机登录 mPython 程序之后，便可以完成微信小程序与本地程序参数适配的工作。用户的登录入口在软件的左上角，首次登录需要进行注册。

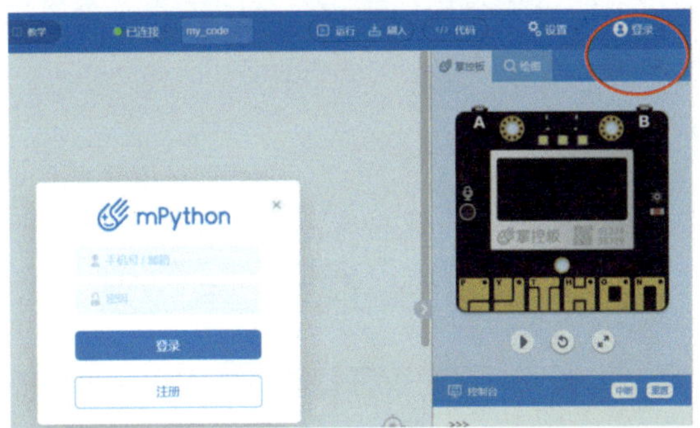

所需程序模块

程序模块	所属类别	作用
小程序 选择掌控板应用 小创客掌控板	高级→微信小程序	选择启用的微信小程序

续表

程序模块	所属类别	作用
小程序 设置 服务器 "183.230.40.39" 设备ID "637615290" 产品ID "221628" 产品APIKey "0wcck=pQw1bXmyxBNq83YDRIkJc="	高级→微信小程序	微信小程序的参数列表
当从小程序收到 name 和 value 时 执行 如果 name = "lightval" 执行 打印 value 如果 name = "button" 执行 打印 value	高级→微信小程序	当受控端接收到信息，做相应的操作。_name 和_value 参数必须与微信小程序一致
向 小程序 发送数据流 名称 "light" 值 光线值	高级→微信小程序	向微信小程序发送名称为“light”的光线值

程序分析

将掌控板连接上 Wi-Fi，选择并配置微信小程序。当接收到云端数据时，根据 _name 值区分不同的控件，然后根据对应的 _value 值进行不同的动作，向云端发送信息，以及固定实现采集本地数据发送到微信小程序云端。

程序实现

```
连接 Wi-Fi 名称 "robot" 密码 "asdf1234"
OLED 显示 清空
OLED 第 1 行显示 Wi-Fi 配置信息 IP 模式 普通
OLED 显示生效
小程序 选择掌控板应用 小创客掌控板
小程序 设置
服务器 "183.230.40.39"
设备ID "637615290"
产品ID "221628"
产品APIKey "0wcck=pQw1bXmyxBNq83YDRIkJc="
```

```
当从小程序收到 name 和 value 时
执行 如果 name = “button”
    执行 打印 value
        如果 value = 1
        执行 设置 所有 RGB 灯颜色为
        如果 value = 0
        执行 关闭 所有 RGB 灯
一直重复
执行 向 小程序 发送数据流 名称 “lightval” 值 光线值
    等待 10 秒
```

程序效果

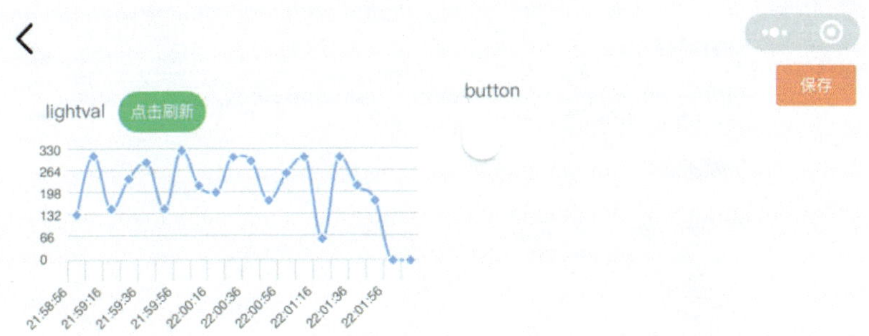

掌控板和微信小程序建立正常通信之后，微信小程序端会每隔 10 秒收到掌控板发送的光亮值 lightval 的数值信息，数值数据以折线图的方式显示在小程序中。同时通过小程序中的按钮 button 可以控制掌控板 RGB 灯的开关。

练一练 30

使用掌控板微信小程序完成自己个性化的物联网应用程序。

7.2 掌控板和虚谷物联（SIoT）

SIoT 是一个为中小学 STEM 教育定制的跨平台的开源 MQTT 服务器程序，S 指科学（Science）、简单（Simple）的意思。SIoT 重点关注物联网数据的收集和导出，是采集科学数据的最好选择之一。

SIoT 为“虚谷物联”项目的核心软件，可以帮助中小学生理解物联网原理，并且使其能够基于物联网技术开发各种创意应用。

7.2.1 ▶ SIoT 软件下载

下载地址：http：//mindplus.dfrobot.com.cn/siot。

SIoT简介

SIoT是一个针对学校场景的开源免费的MQTT服务器软件，可一键创建本地物联网服务器，摆脱联网困扰。
与Mind+结合可以让小学生到高中生都可以轻松上手物联网。

下载链接

版本V1.2：

- windows 32&64位系统[点击下载]
- Mac系统[点击下载]
- linux系统[点击下载]
- 虚谷号系统[点击下载]

根据自己电脑的系统，对应下载 SIoT 软件压缩包，例如 Windows 系统建议下载“windows 32&64 位系统”。

7.2.2 ▶ SIoT 软件准备

SIoT 是一款“绿色”软件，将下载的压缩包解压并打开。

下面讲述如何使用 mPython 软件编程实现 SIoT 操作。

database	2020/10/14 20:44	文件夹	
static	2020/10/14 20:44	文件夹	
config.json	2019/8/25 13:07	JSON 文件	1 KB
SIoT_windows_1_2	2019/8/15 15:18	应用程序	22,348 KB

7.2.3 ▶ 快速入门

下面以 Win10 系统为例，通过几个简单的程序案例，以掌控板为智能终端，介绍在 mPython 软件中如何运行 SIoT。

如果是第一次使用 SIoT，请严格按照以下步骤进行操作。

(1) 电脑连接 Wi-Fi

将电脑连接到 Wi-Fi。

注意

提供 Wi-Fi 的路由器或手机热点可以不连接互联网，因为使用 SIoT 实现物联网应用时，只需要使用路由器或手机热点建立一个局域网即可。

(2) 运行 SIoT 系统

双击运行 SIoT_windows_1_2.exe，可以看到一个黑色的 CMD 窗口。

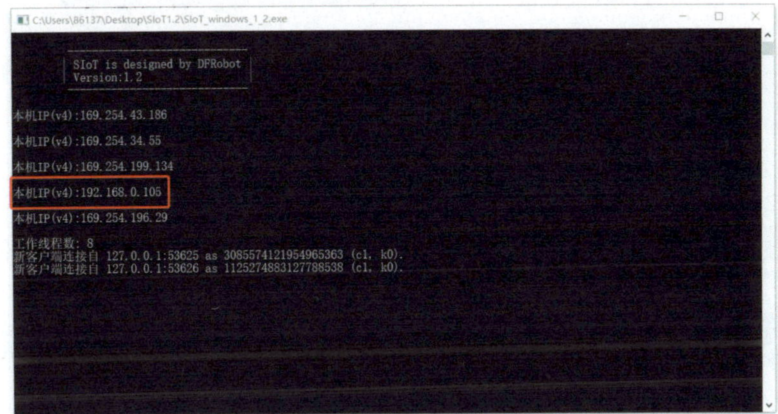

注意

使用 SIoT 的过程中一定不要关该窗口。

(3) 获取电脑 IP

电脑每次连接 Wi-Fi 都会生成一个 IP 地址，每个 IP 地址对应的电脑都是唯一的。运行 SIoT 程序后会在电脑上建立一个 SIoT 服务器，其他设备要访问这个服务器，需要知道这个 SIoT 服务器所在电脑的 IP 地址。

如果出现类似上图多个 IP 地址，可以通过查看“电脑设置”→“网络”和“Internet 设置”→“查看网络属性”来帮助判断。

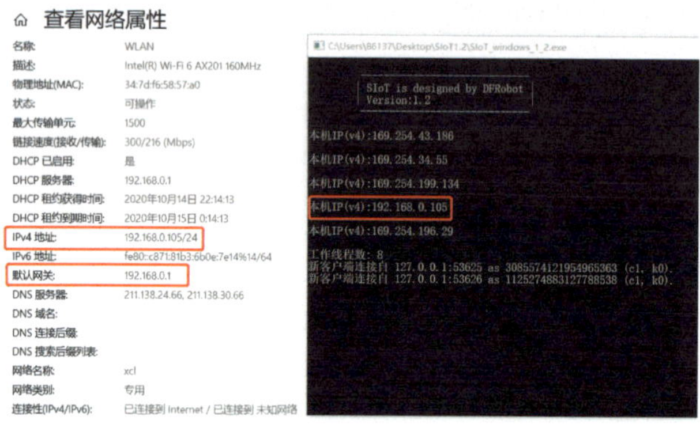

由上图可知，当前 SIoT 服务器所在电脑的 IP 地址为“192.168.0.105”。

(4) 打开 SIoT 网页端

① 打开电脑浏览器，在网址栏输入在（3）中获得的 IP 地址，加上“：8080”，如“192.168.0.105：8080”。

注意

“：”需在英文输入法下输入。

② 点击键盘 Enter 键，打开即为 SIoT 网页端，如下图：

如果没有打开，请：

- 检查 SIoT 的小黑窗是否打开；
- 检查 IP 地址是否错误，如果有多个 IP 地址就一个一个尝试；
- 关闭网络防火墙。

(5) 登录 SIoT 网页端

账号：siot。

密码：dfrobot。

输入账号、密码后，点击“登录”，登录后页面如下：

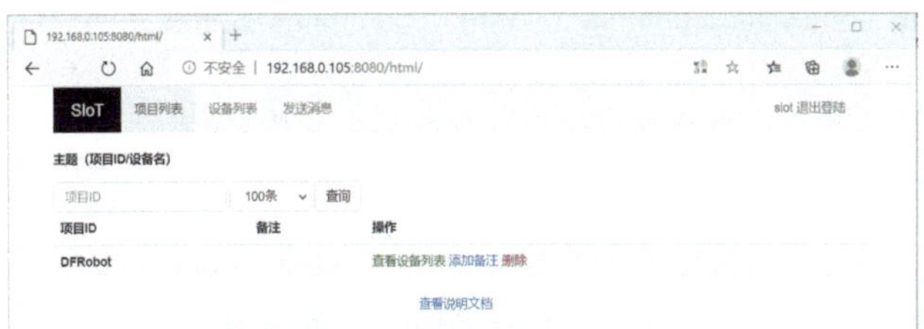

注意

SIoT 网页端账号、密码都是统一的。

练一练 31

根据自己的电脑系统下载、解压、运行 SIoT，查看本机 IP，进入 SIoT 网页，输入账号密码登录。

(6) mPython 编程 1——远程控制

说明：在 SIoT 平台发送消息，掌控板接收并显示消息内容。

打开 mPython 软件（版本 0.5.3），在扩展中添加 SIoT。

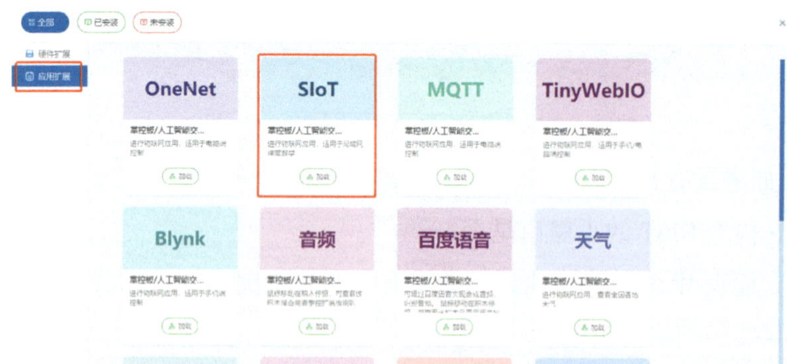

所需程序模块

程序模块	所属类别	作用
连接 Wi-Fi 名称 "my_wifi" 密码 "1234"	Wi-Fi	将掌控板接入 Wi-Fi
创建 SIoT 连接 服务器 "127.0.0.1" 用户 "siot" 密码 ""	扩展→SIoT	创建 SIoT 连接，“服务器”为运行 SIoT 电脑的 IP，“用户”为 siot，“密码”为 dfrobot
SIoT 连接成功？	扩展→SIoT	判断 SIoT 是否连接成功
SIoT 订阅 主题1 "mPython/001"	扩展→SIoT	订阅主题，设备 ID/名称自定义，英文输入法下，点击齿轮最多可订阅 5 个主题
SIoT 发送消息 "" 到 主题1	扩展→SIoT	SIoT 发送英文字符消息到主题 1
当从 SIoT 主题1 收到消息时 打印 从 SIoT 收到的消息	扩展→SIoT	当从 SIoT 主题 1 收到消息时，在控制台打印

程序分析

掌控连接 Wi-Fi，配置并连接 SIoT，订阅自定义主题，发送消息给该主题，SIoT 收到消息后会创建相应名称的主题，当接收到发自 SIoT 的消息时在屏幕上显示。

注意

SIoT 发送和接收的数据为文本类型。

程序实现

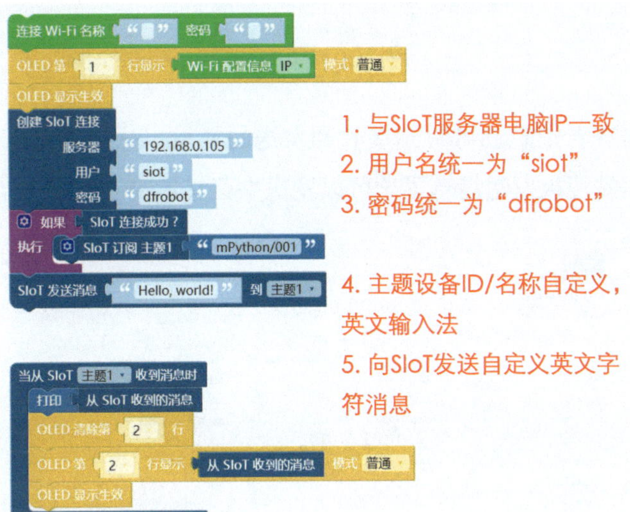

功能实现

掌控板在下载完程序后，会在屏幕上依次显示掌控板的 IP 地址，成功连上 SIoT 平台后显示接收到的消息“Hello, world！”。

注意

程序运行时，若无法连接 MQTT，先检查参数有没有填错，例如 IP 错误、主题中没有英文斜杠，若依旧无法连接的话，可尝试关闭电脑防火墙，重新上传程序。

打开 SIoT 网页端可以在“设备列表”下看到对应的主题项目 ID 和名称信息。

点击查看消息，可看到接收和发送的消息。这样就可以从 SIoT 网页端向掌控板发送消息了（可以发送中英文字符）。

练一练 32

编程实现从 SIoT 发送消息 on、 off 控制掌控板 RGB 灯开关。编程实现从 SIoT 发送不同消息控制掌控板 RGB 灯亮不同颜色光。

(7) mPython 编程 2——数据采集

说明：实时采集光线值上传到 SIoT，并显示在掌控板屏幕上。

SIoT 的数据采集功能可以让创客们进行很多的科学探究实验。请注意发送消息的主题与订阅的主题相对应。

程序实现

```
连接 Wi-Fi 名称 " " 密码 " "
OLED 第 1 行显示 Wi-Fi 配置信息 IP 模式 普通
OLED 显示生效
创建 SIoT 连接
    服务器 "192.168.0.105"
    用户 "siot"
    密码 "dfrobot"
如果 SIoT 连接成功？
执行 SIoT 订阅 主题1 "mPython/001"
一直重复
执行 等待 3 秒
     SIoT 发送消息 光线值 到 主题1

当从 SIoT 主题1 收到消息时
    打印 从 SIoT 收到的消息
    OLED 清除第 2 行
    OLED 第 2 行显示 从 SIoT 收到的消息 模式 普通
    OLED 显示生效
```

掌控板在刷入程序后，在屏幕上依次显示 IP 地址，成功连上 SIoT 平台后采集光线值发送到 SIoT，并显示接收数据。

打开 SIoT 网页端，可以在“设备列表”下看到对应的主题信息。

点击上图中“mPython”后的“查看消息”，可以看到掌控板实时收集的光线值。点击“隐藏/显示图表”可以隐藏/显示所采集数据的折线图，勾选“自动刷新消息”可以实现消息自动刷新。

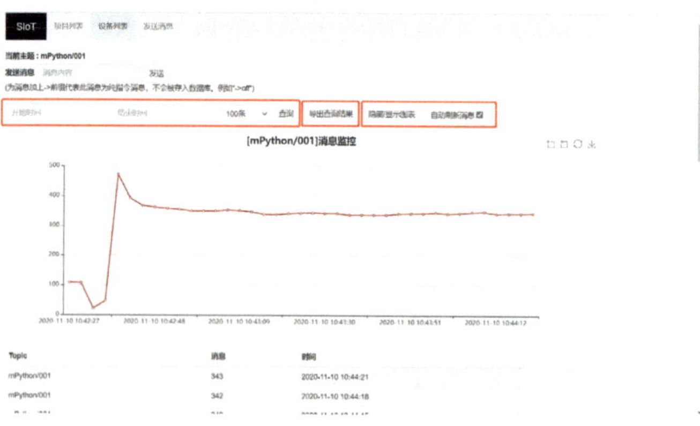

另外，可指定开始时间和结束时间查询，选择查询条数，点击“导出查询结果”可以将数据导出为 XLS 文件格式，在电子表格软件中进行数据存储和进一步分析。

练一练 33

① 编程实现订阅三个主题，用一块掌控板分别采集 X、Y、Z 三轴加速度数据发送到不同主题，并查看数据及简单分析。

② 编程实现用两块掌控板分别采集教室内不同区域的光线数据，发送到不同主题，并查看数据。

③ 编程实现从 SIoT 发送 start,掌控板接收到消息后，测三次光线值，求平均数后上传 SIoT。

(8) mPython 编程 2——物联控制

说明：运行 SIoT，两块掌控板订阅 SIoT 的同一主题，按下掌控板 1 的 A、B 按钮发送不同消息，掌控板 2 接收消息控制 RGB 开关。

掌控板 1 发送消息

```
连接 Wi-Fi 名称 " " 密码 " "
OLED 第 1 行显示 Wi-Fi 配置信息 IP 模式 普通
OLED 显示生效
创建 SIoT 连接
    服务器 "192.168.0.105"
    用户 "siot"
    密码 "dfrobot"
如果 SIoT 连接成功？
执行 SIoT 订阅 主题1 "mPython/001"

当按键 A 被 按下 时
执行 SIoT 发送消息 "on" 到 主题1

当按键 B 被 按下 时
执行 SIoT 发送消息 "off" 到 主题1
```

掌控板 2 发送消息

```
连接 Wi-Fi 名称 " " 密码 " "
OLED 第 1 行显示 Wi-Fi 配置信息 IP 模式 普通
OLED 显示生效
创建 SIoT 连接
    服务器 "192.168.0.105"
    用户 "siot"
    密码 "dfrobot"
如果 SIoT 连接成功？
执行 SIoT 订阅 主题1 "mPython/001"

当从 SIoT 主题1 收到消息时
  打印 从 SIoT 收到的消息
  OLED 清除第 2 行
  OLED 第 2 行显示 从 SIoT 收到的消息 模式 普通
  OLED 显示生效
  如果 从 SIoT 收到的消息 = "on"
  执行 设置 所有 RGB 灯颜色为
  否则如果 从 SIoT 收到的消息 = "off"
  执行 关闭 所有 RGB 灯
```

查看 SIoT 设备消息

利用 SIoT 的同一主题广播消息，可以实现群控掌控板，加上扩展板后能实现更多有趣的创意项目。

练一练 34

① 两块掌控板，掌控板 A 触摸 PYTHON 各键发送不同消息，掌控板 B 接收消息后开关及亮不同色灯。

② 通过 SIoT 传递消息，掌控板 A 通过体感遥控掌控板 B 播放不同音乐或者显示不同图案。

第 8 章

掌控板综合性程序设计

8.1 分体式门铃

传统门铃的触发按钮和发声装置安放在一起。如果门铃距离室内比较远可能会听不到门铃声音。分体的门铃实现触发装置和发声装置的分体设计。

说明：通过两块掌控板完成分体门铃的设计。A 板作为触发装置，B 板作为接收装置。

程序思路

A 板上，使用触摸按钮 A 作为触发装置，显示触摸动画，同时发送消息 ring。

B 板上，接收消息 ring，显示有客来访，同时播放音乐。

A 板程序实现

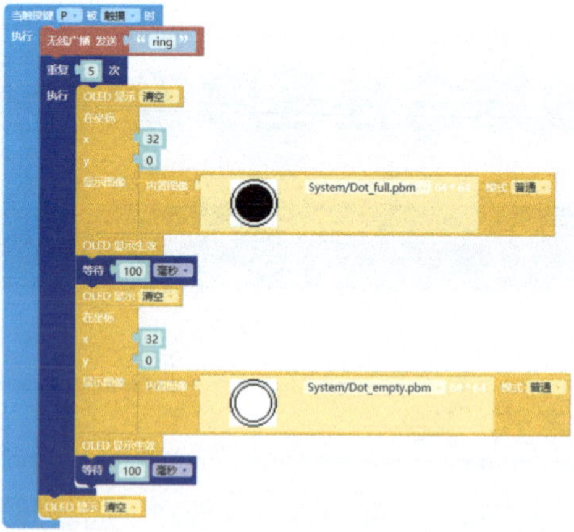

```
当触摸键 P 被 触摸 时
执行 无线广播 发送 “ring”
     重复 5 次
     执行 OLED 显示 清空
          在坐标
          x 32
          y 0
          显示图像 内置图像 System/Dot_full.pbm 模式 普通
          OLED 显示生效
          等待 100 毫秒
          OLED 显示 清空
          在坐标
          x 32
          y 0
          显示图像 内置图像 System/Dot_empty.pbm 模式 普通
          OLED 显示生效
          等待 100 毫秒
     OLED 显示 清空
```

B 板程序实现

```
打开 无线广播
设无线广播 频道为 13

当收到特定无线广播消息 ring 时
执行 播放音乐 DADADADUM 引脚 默认
     OLED 显示 清空
     OLED 第 1 行显示 “有客来访!” 模式 普通
     OLED 显示生效
     等待 5 秒
     OLED 显示 清空
```

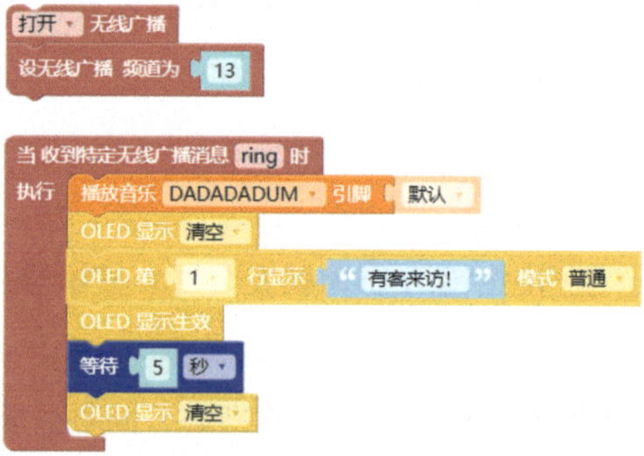

8.2 跨越屏幕的爱心

说明：使用两块掌控板完成爱心，从 A 板传递到 B 板。另外，注意传递的广播消息必须是文本类型。

程序思路

本程序的难点为找到图形在 A 板和 B 板的坐标位置。为了让两个屏实现跨屏，可以使用示意图的方式将两块屏对接在一起。

A 板上，心形图左上角坐标为（x,y），这个坐标控制心形图的显示位置。

B 板上，心形图左上角根据示意图可以分析出坐标为（-（127 - x)，y）化简即（x - 127,y）。

A 板上 x 的范围由 0 逐步变为 127，在相应位置显示图形，同时发送这个消息给 B 板，B 板接收消息在自己的坐标下显示图形即可实现跨屏动画功能。

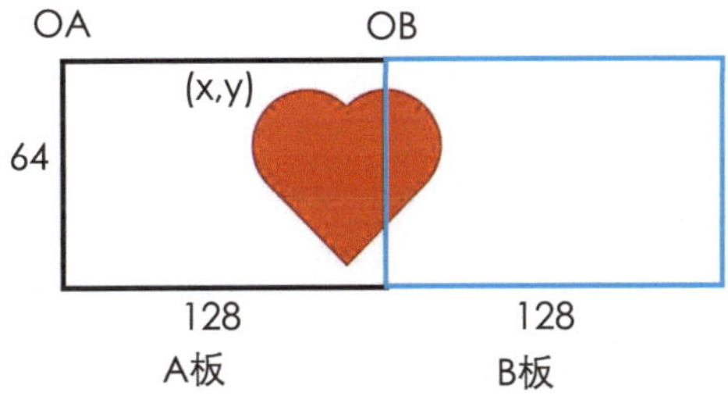

A 板程序实现

```
打开 无线广播
设无线广播 频道为 13

当按键 A 被 按下 时
执行 使用 i 从范围 0 到 127 每隔 1
  执行 OLED 显示 清空
    在坐标
    x i
    y 0
    显示图像 内置图像 心形 64 * 64 模式 普通
    OLED 显示生效
    无线广播 发送 转为文本 i
    打印 i
    等待 100 毫秒
```

B 板程序实现

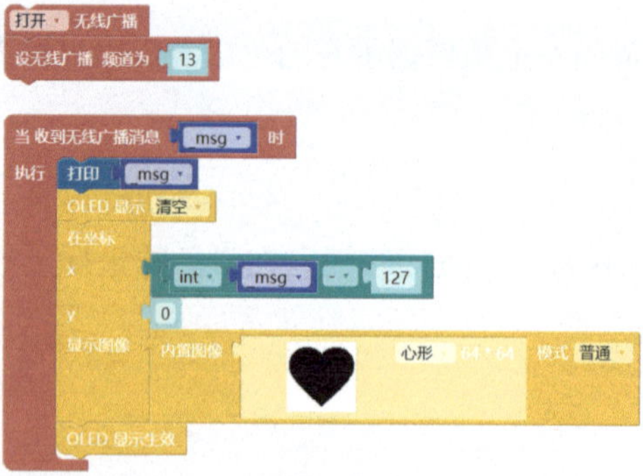

打开 无线广播
设无线广播 频道为 13

当收到无线广播消息 msg 时
执行 打印 msg
OLED 显示 清空
在坐标
x int msg - 127
y 0
显示图像 内置图像 心形 64 * 64 模式 普通
OLED 显示生效

8.3 距离感知测试游戏

说明：本程序可以测试人的距离感觉是否精确，超声波的距离单位为毫米。需要特别说明的是超声波距离为-1 代表超声波传感器未正确工作。

使用随机数 r 和超声波距离 d 感知游戏。

其中随机数 r 的范围是 50～400，当掌控板的屏幕上出现随机数后，游戏参与者根据自己的感觉尽可能地在距离超声波传感器 r 毫米的距离处挥动自己的手掌。当超声波检测手掌的距离 d 大于 400 或者为－1 时，超声波持续进行距离检测，用于表示超声波传感器未检测到手掌的状态。

若出现 d 小于 400，则表示收到有效距离信息。此时比较 d 是否在 r±30 之间，如果在这个范围则表示感知准确，否则表示感知不准确。根据结果显示不同的 RGB 灯。

器材说明：

名称	图片	说明
HC-SR04 超声波传感器		供电电压：3.3V； 感应角度：不大于 15°； 探测距离：2～450cm； 精度：可达 0.2cm

电路连接：

引脚	器件
P0	超声波传感器的 Trig、VCC、GND
P1（仅数据）	超声波传感器的 Echo

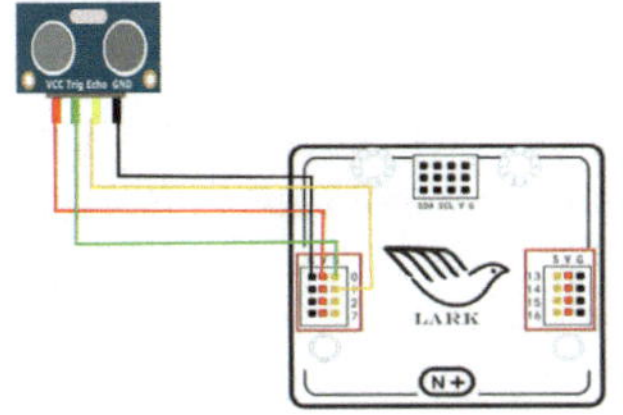

程序实现

```
hcsr04 超声波初始化 名称 hcsr04 trigger P0 echo P1
OLED 显示 清空
OLED 第 1 行显示 “距离检测测试游戏” 模式 普通
OLED 显示生效
将变量 md 设定为 从 100 到 300 之间的随机整数
OLED 清除第 2 行
OLED 第 2 行显示 转为文本 “距离为:” md 模式 普通
OLED 显示生效
将变量 d 设定为 hcsr04 hcsr04 超声波距离 测量单位 mm
重复当 d = -1 或 d ≥ 400
执行 将变量 d 设定为 hcsr04 hcsr04 超声波距离 测量单位 mm
     等待 1 秒
OLED 清除第 3 行
OLED 第 3 行显示 转为文本 “感知距离:” d 模式 普通
OLED 显示生效
如果 rnd - 30 ≤ d 和 d ≤ rnd + 30
执行 设置 所有 RGB 灯颜色为 [绿]
否则 设置 所有 RGB 灯颜色为 [红]
等待 1 秒
关闭 所有 RGB 灯
OLED 清除第 3 行
```

8.4 室内温度监测仪——数据图表的实现

我国的北方地区，冬季气候还是非常寒冷的。为了保障人们的正常生活，冬季必不可少要“供暖”。

室内温度监测仪主要功能是监测室内的温度，并提供温度曲线以便后期进行数据分析。mPython 的图表功能可以实现数据的图表化。

另外，当温度过低时，温度监测仪还会亮起红灯，进行低温预警。这个预警可以通过按钮 B 来消除。下面采用百灵鸽内置的温/湿度传感器来完成这个作品。

所需程序模块

程序模块	所属类别	作用
初始化图表列标题 “line1”	数学	初始化列表标题
打印数据到图表 随机小数 等待 100 毫秒	数学	每隔 100 毫秒打印数据到图表

程序实现

```
初始化图表列标题 “室内温度变化曲线”
将变量 tag 设定为 假
将变量 alarm 设定为 5
一直重复
执行 将变量 tem 设定为 I2C 温度
     打印数据到图表 tem
     如果 tem ≤ alarm
     执行 将变量 tag 设定为 真
     如果 tag
     执行 设置 所有 RGB 灯颜色为 [红色]
     否则 关闭 所有 RGB 灯
     等待 1 秒

当按键 B 被 按下 时
执行 将变量 tag 设定为 假
```

程序结果查看

通过切换掌控板仿真器到绘图工具，可以实现数据图表的实时查看。另外，还能点击绘图工具右上角的“更多”按钮，将图表另存为图片文件或者 PDF 文档。

固定月份、固定地点、固定时间的温度收集需要在特定的环境才能实现。为此我们修改了程序，实现室内光照情况的收集。在报表中波峰位置标明掌控板的光线传感器被强光直接照射的强亮环境，波谷位置则表明暗光角落的强暗环境。

```
初始化图表列标题 “室内光线变化曲线”
将变量 tag 设定为 假
将变量 alarm 设定为 100
一直重复
执行 将变量 tem 设定为 光线值
     打印数据到图表 tem
     如果 tem ≤ alarm
     执行 将变量 tag 设定为 真
     如果 tag
     执行 设置 所有 RGB 灯颜色为
     否则 关闭 所有 RGB 灯
     等待 1 秒

当按键 B 被 按下 时
执行 将变量 tag 设定为 假
```

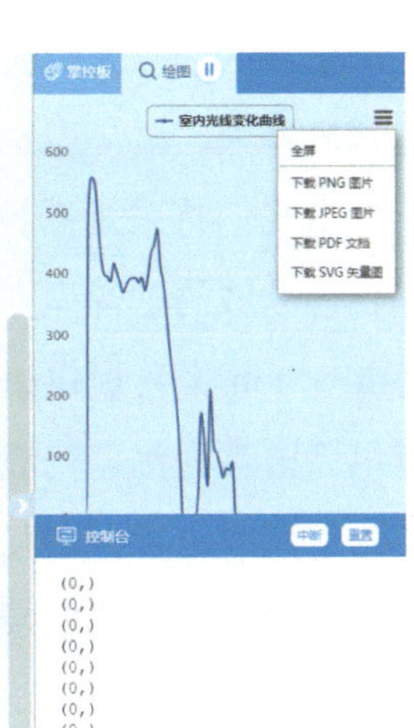

第9章

掌控板与人工智能

人工智能（Artificial Intelligence，AI）是研究、开发用于模拟、延伸和扩展人的智能的理论、方法、技术及应用系统的一门新的技术科学。人工智能是计算机科学的一个分支，它试图了解智能的实质，并生产出新的能以人类智能相似的方式做出反应的机器。该领域的研究包括机器人、语言识别、图像识别、自然语言处理和专家系统等。

本章我们将采用掌控板、百灵鸽扩展板、小方舟 AI 传感器探讨人工智能领域的语音识别、语音合成和图像识别技术的应用。

mPython 平台提供讯飞语音、百度语音两个平台的语音技术，本章以讯飞语音为例，完成语音识别和语音合成程序。

为了完成语音识别和合成程序，需要进行讯飞平台的准备工作。

第一步，注册或登录讯飞平台。如果从没使用过讯飞平台，需要先使用手机号注册。

第二步，成功登录之后，需要进入自己的控制台，建立自己的应用。

第三步，完成应用之后，需要点击自己的应用标题，可以查看自己的应用名称，可以查看 APPID、APISecret、APIKey 三个参数。请牢记，编程的时候需要引用。

服务接口认证信息

APPID	5cd0d746
APISecret	671f3c9fcc404c433fe6e0d51f
APIKey	a5bcbbb29ed877951a7aaaa531

*SDK调用方式只需APPID。APIKey或APISecret适用于WebAPI调用方式。

9.1 语音识别（2.0 版本专有）

与机器进行语音交流，让机器明白你说什么，这是人们长期以来梦寐以求的事情。语音识别技术就是让机器通过识别和理解过程把语音信号转变为相应的文本或命令的高技术。

语音识别技术主要包括特征提取技术、模式匹配准则及模型训练技术三个方面。

掌控板 2.0 版本增加了可以录制声音的麦克风，配合语音识别技术可以独立进行语音识别技术的程序设计。

所需程序模块

程序模块	所属类别	作用
try except	逻辑	try-except 程序模块，反复 try 某段程序，直到成功。后者抛出异常结束
[讯飞语音] 识别音频 APPID APISecret APIKey 待识别音频文件 "my.wav"	扩展→音频	调用云端讯飞识别模块，完成将本地录制的 my.wav 文件识别为文本

程序思路

整个语音识别过程分为准备和实施两个阶段。

准备阶段，需要进行掌控板联网，与网络时间同步。

实施阶段，A 键被按下在本地录制音频，将音频上传到讯飞云平台进行识别。在掌控板屏幕上显示识别的文字结果。红灯亮，表示正在进行语音识别；绿灯亮，表示语音识别成功。

程序实现

```
连接 Wi-Fi 名称 "hzwf" 密码 "i12345678"
一直重复
执行  try    同步网络时间 时区 中时区 授时服务器 time.windows.com
             中断循环
      except
将变量 audio_file 设定为 "my.wav"
OLED 显示 清空
OLED 第 1 行显示 "按下 A键 开始录音" 模式 普通
OLED 显示生效
```

```
当按键 A 被 按下 时
执行 OLED 显示 清空
     OLED 第 1 行显示 "正在录音，时长 2 秒 ..." 模式 普通
     OLED 显示生效
     设置 0 # RGB 灯颜色为
     录音 初始化
     录制音频 存储路径 audio_file 时长 2 秒
     录音 释放资源
     [讯飞语音] 识别音频
     APPID ""
     APISecret ""
     APIKey ""
     待识别音频文件 audio_file
     OLED 显示 清空
     OLED 第 1 行显示 "正在识别语音文字 ..." 模式 普通
     OLED 显示生效
     设置 0 # RGB 灯颜色为
     OLED 显示 清空
     OLED 第 1 行显示 "按下 A键 开始录音" 模式 普通
     OLED 第 2 行显示 [讯飞语音] 识别结果 模式 普通
     OLED 显示生效
     关闭 0 # RGB 灯
```

练一练 35

语音控制灯：当语音识别为开灯时，打开所有 RGB 灯；当语音识别为关灯时，关闭所有 RGB 灯。

9.2 语音合成

语音合成是通过机械的、电子的方法产生人造语音的技术。TTS 技术（又称文语转换技术）属于语音合成，它是将计算机自己产生的或外部输入的文字信息转变为可以听得懂的、流利的人类口语并输出的技术。

语音合成功能需要联网使用，步骤为：连接 Wi-Fi，同步时间，引用语音模块将文本内容合成为语音文件保存到掌控板本地，在掌控板本地播放合成的语音文件。

所需程序模块

程序模块	所属类别	作用
try except	逻辑	try-except 程序模块，反复 try 某段程序，直到成功。后者抛出异常结束
[讯飞语音] 合成音频 APPID “ ” APISecret “ ” APIKey “ ” 文字内容 “ ” 转存为音频文件 “ tts.pcm ”	扩展→音频	调用云端讯飞语音模块，完成文本转音频文件工作

器材说明：

掌控板及百灵鸽扩展板（或其他带独立喇叭的扩展板）。

程序思路

语音合成的过程本质上是合成云端语音文件，在本地播放语音文件。执行流程：首先连接 Wi-Fi，并同步网络时间；然后将文本通过讯飞语音模块合成为音频文件 tts.pcm；最后在本地播放 tts.pcm 文件，完成整个过程。

程序实现

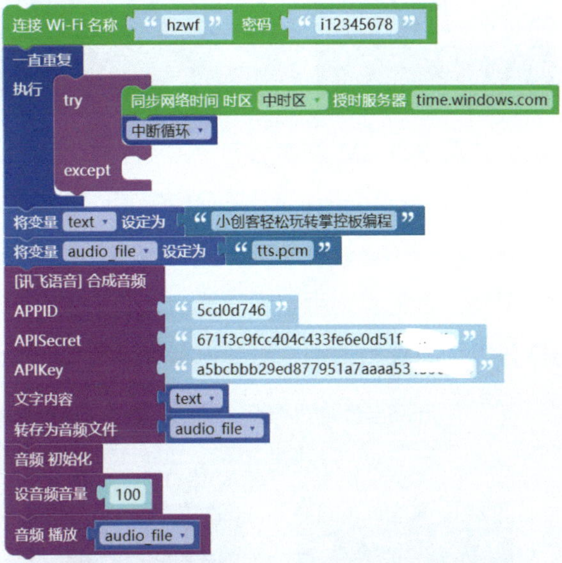

```
连接 Wi-Fi 名称 "hzwf" 密码 "i12345678"
一直重复
执行
    try
        同步网络时间 时区 中时区 授时服务器 time.windows.com
        中断循环
    except
将变量 text 设定为 "小创客轻松玩转掌控板编程"
将变量 audio_file 设定为 "tts.pcm"
[讯飞语音] 合成音频
    APPID "5cd0d746"
    APISecret "671f3c9fcc404c433fe6e0d51f..."
    APIKey "a5bcbbb29ed877951a7aaaa53..."
    文字内容 text
    转存为音频文件 audio_file
音频 初始化
设音频音量 100
音频 播放 audio_file
```

练一练 36

看图识字程序：当六个触摸键被按下时，分别在掌控板屏幕左侧显示“高兴”“伤心”“困惑”“生气”“惊讶”“无聊”的表情，同时屏幕右侧显示对应的汉字，且语音合成出对应的汉字发音。

9.3 图像识别——小方舟的使用

掌控板由于资源有限，只能借助网络实现语音识别和语音合成功能，更多的人工智能功能例如人脸识别、二维码识别、物体识别，要借助外接视觉模块来实现。本节中我们采用 N+出品的小方舟来完成。

小方舟是为普及 STEAM 创客教育、人工智能教育、编程教育研发的开源人工智能硬件，可当作 AI 视觉传感器。它集成 K210 高性能 64 位双核芯片，内置 AI 硬件加速单元，可实现各类场景的本地视觉算法跟语音识别。视觉识别可实现功能：人脸检测、色块识别、形状识别、物体分类、二维码识别、语音识别等。

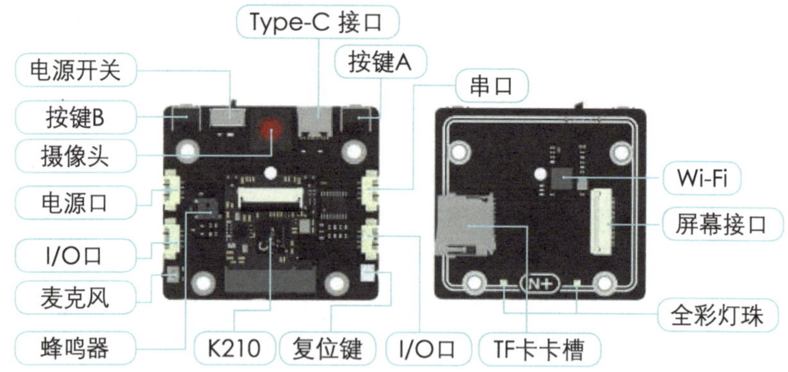

小方舟可搭配不同的主控板使用，例如掌控板、Arduino 板、micro：bit 等，这里我们选择的是掌控板，使用的扩展板是百灵鸽。

下面通过两个简单的例子来说明小方舟的基本使用方法。

案例 1 识色琴

说明：

利用小方舟的颜色识别功能，通过识别不同的颜色播放不同的音符。可以自己用色笔涂出一幅画或者色带来玩。

器材说明：

掌控板×1、小方舟×1、百灵鸽扩展板×1。

学习与识别

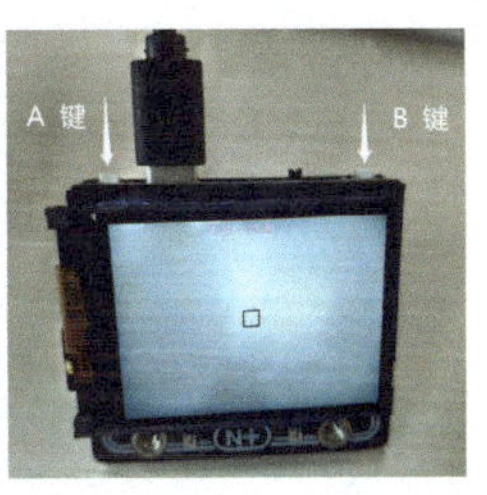

要进行颜色的识别，首先需要用程序将模式设置成颜色识别模式，或者按A键进行模式切换。

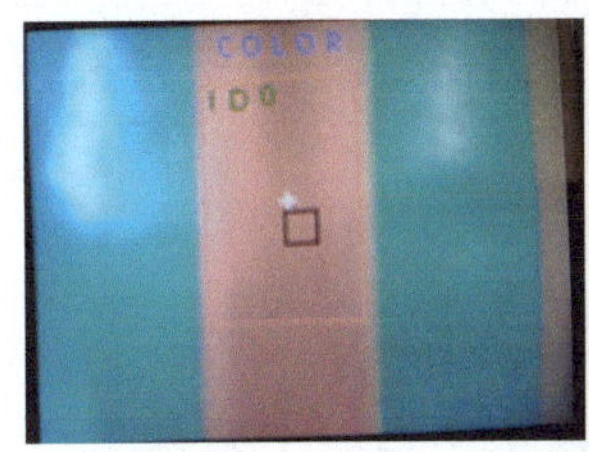

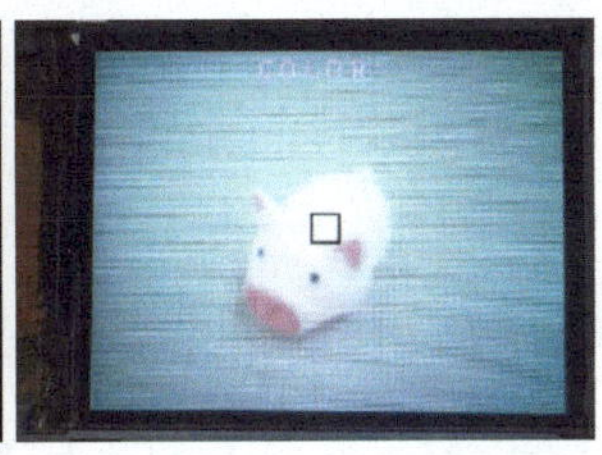

将小方舟摄像头对准目标颜色块，自动框会自动选目标颜色块。调整小方舟与颜色块的角度和距离，让黑色方框尽量框住整个目标色块。按下B键开始第一次学习，松开则结束学习，如果学习成功，则会出现ID号；将方框对准其他颜色块，按下B键开始第二次学习；长按B键，取消学习成果，重新学习。

学习了多种颜色后，屏幕上会根据颜色显示该颜色的ID，边框的大小随颜色块的面积一起变化，边框会自动跟踪色块。

小方舟显示的颜色ID与学习颜色的先后顺序是一致的，也就是ID号会按顺序依次标注为“ID0”“ID1”“ID2”，以此类推，不同颜色对应的边框颜色也不同。

项目实施

将项目分为两个环节来完成：首先学习使用小方舟的颜色识别功能，并将识别到的颜色 ID 输出；然后根据输出的颜色 ID 给出对应的声音播放。这样就可以完成识色琴了。

电路连接：

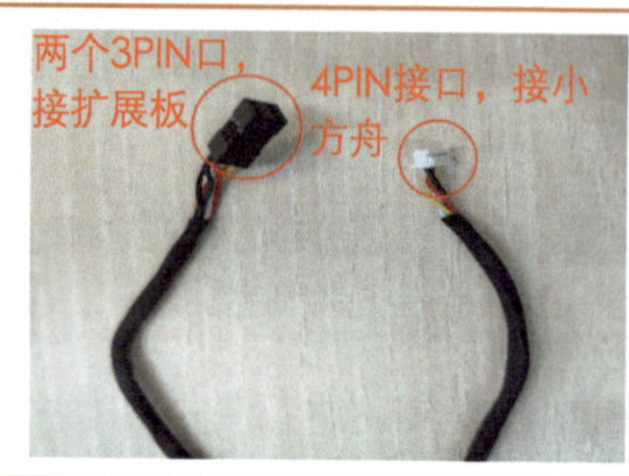

4PIN 接口连接小方舟的串口，另一端的两个 3PIN 口连接百灵鸽的 P0 和 P1 端口

程序设计

让小方舟学习图画上的不同颜色（图画上的颜色差异最好大点），输出颜色 ID，以方便后续对应颜色奏响对应的声音。

打开 mPython 软件，点击扩展部分的“添加”，添加“N+”模块。

所需程序模块

程序模块	所属类别	作用
小方舟初始化	扩展→N+→小方舟	将小方舟进行初始化，恢复初始设置，程序开始前都需要初始化
切换到 颜色 模式（✓颜色 / 二维码 / 人脸 / 20类）	扩展→N+→小方舟	使用程序进行算法切换（也可按 A 键进行算法切换），不能多个算法同时存在
获取 ID 0 数据	小方舟	获取学习的数据，ID0、ID1、ID2、ID3、……，并且有返回值
播放音符 音符 C3 节拍 1/4 引脚 默认	音乐	掌控板播放音符

程序实现

程序开头一定要先初始化小方舟。

设置条件判断：如果识别到获取 ID0 的数据，在掌控板上显示 0，以此类推，有多少个颜色，就有多少个判断条件，最后再加上重复执行。

```
小方舟初始化
切换到 颜色 模式
一直重复
执行 如果 获取 ID 0 数据
     执行 OLED 显示 清空
          显示文本 x 64 y 22 内容 “0” 模式 普通
          OLED 显示生效
     如果 获取 ID 1 数据
     执行 OLED 显示 清空
          显示文本 x 64 y 22 内容 “1” 模式 普通
          OLED 显示生效
     如果 获取 ID 2 数据
     执行 OLED 显示 清空
          显示文本 x 64 y 22 内容 “2” 模式 普通
          OLED 显示生效
```

在能够精准地识别出每个颜色之后，我们就可以给每个颜色定义一个声音，在识别到不同颜色后播放不同音符，刷入掌控板，就可以开始用图画来弹琴了。

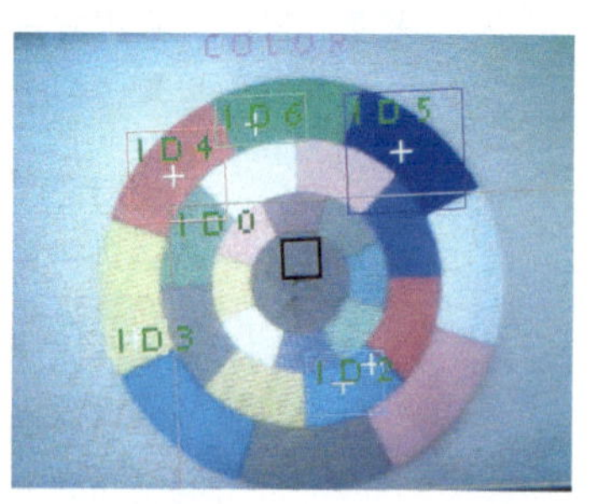

练一练 37

请补充完成案例 1 程序。如果你手上有小方舟，可以用色彩来弹琴了。

案例 2 识物亮灯

说明：

利用小方舟的物体识别功能，通过学习反馈的物体 ID，在识别到同种类的不同的物体时，能通过 LED 灯显示出的颜色判定图片中的物体属于哪一个种类的物体。

器材说明：

掌控板 ×1、小方舟 ×1、百灵鸽 ×1。

电路连接：

接线同案例 1。

程序设计

物体识别是计算机视觉领域中的一项基础研究，通过计算机分析一张图片或者一段视频流中的物体，识别出图像中有什么物体，并且识别到这个物体在图像表示的场景中的位置和方向。

小方舟的物体识别功能目前可以精准地识别 20 类物体，分别为：飞机、自行车、鸟、船、瓶子、巴士、小汽车、猫、椅子、牛、餐桌、狗、马、摩托车、人、盆栽植物、羊、沙发、火车、电视监视器。

这 20 类物体对应的英文名称分别为：aeroplane，bicycle，bird，boat，bottle，bus，car，cat，chair，cow，dining table，dog，horse，motorbike，person，pottedplant，sheep，sofa，train，TVmonitor。

学习与识别

将模式切换为物体识别，按下 B 键进行学习。

学习之后，在方框的右上角会以英文方式显示学习的物体对象属

于哪一类别。遇到相似的物体时，屏幕上会有白色方框自动框选出物体，并显示该物体的类别。

项目实施

学习使用小方舟的物体识别功能，学习并识别出给定的物体的ID。然后我们就可以根据输出的物体 ID 设定不同的 RGB 灯的颜色，这样就可以通过 RGB 灯颜色判定物体识别功能的准确性。

学习 20 类物体：

再让小方舟依次学习“猫”“狗”“自行车”这三类图片。（需要找识别度比较大的，否则容易识别错误。）

程序实现

识别到猫，亮黄灯；识别到狗，亮绿灯；识别到自行车，亮红灯。

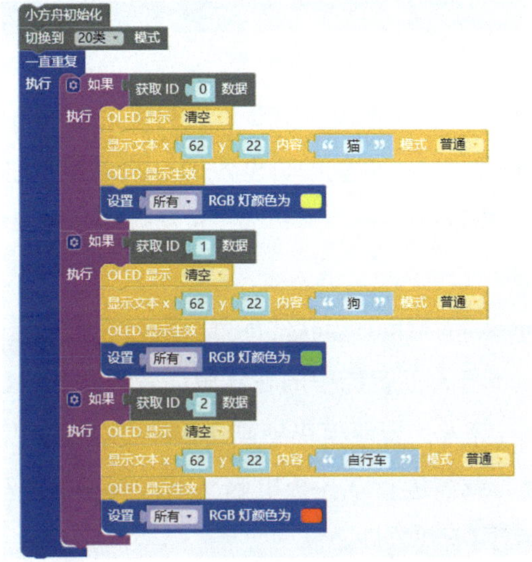

```
小方舟初始化
切换到 20类 模式
一直重复
执行 如果 获取 ID 0 数据
  执行 OLED 显示 清空
       显示文本 x 62 y 22 内容 "猫" 模式 普通
       OLED 显示生效
       设置 所有 RGB 灯颜色为
     如果 获取 ID 1 数据
  执行 OLED 显示 清空
       显示文本 x 62 y 22 内容 "狗" 模式 普通
       OLED 显示生效
       设置 所有 RGB 灯颜色为
     如果 获取 ID 2 数据
  执行 OLED 显示 清空
       显示文本 x 62 y 22 内容 "自行车" 模式 普通
       OLED 显示生效
       设置 所有 RGB 灯颜色为
```

当然，AI 传感器小方舟还有很多功能，可以做出视觉循线、口罩识别等好玩的项目，这就需要爱钻研的小创客们来探索啦。

练一练 38

改写程序，学习 20 类物体中的任意几种，当识别到不同物体时掌控板亮不同色灯，播放不同音乐。

第 10 章 掌控板与电脑动画的交互

很多读者学习过电脑交互式编程，可爱的动画角色在大家用快速拖拽图块化程序之后，就能编辑出各式各样的趣味电脑交互式程序。

能不能将电脑交互式动画和掌控板结合在一起，实现电脑交互的趣味程序呢?

Kittenblock 和 Mind+等软件都可以助力我们实现这个功能。其中 Kittenblock 还将人工智能中的在线版语音识别、语音合成、图像识别、机器学习等人工智能模块集成到软件中。本书以 Kittenblock 软件 1.85S 版为载体进行掌控板电脑交互式程序的编写。用户可登录 Kittenblock 官网下载软件。

Kittenblock 的软件界面布局、功能设定、编程逻辑与传统的电脑交互式编程软件基本保持一致，使用、学习难度比较低。只要掌握连接硬件的技巧和程序扩展的方法，就可以快速完成掌控板电脑交互程序。

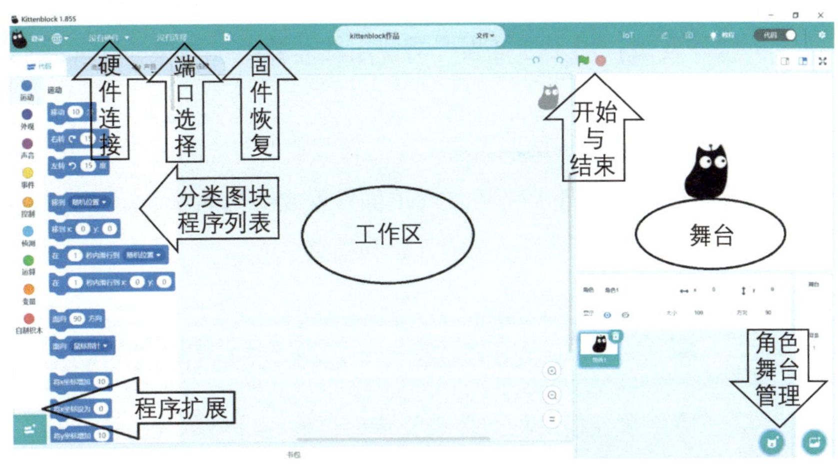

• 分类图块程序列表：按分类陈列图形化程序模块。

模块	内容
动作	设置角色位置、方向、移动的模块
外观	设置角色大小、颜色、说话与舞台背景的模块
声音	播放声音、音调的模块
事件	当遇到什么条件，触发对应操作：最常用绿旗被点击开始程序，以及广播内容
控制	等待、条件和循环等
侦测	检测舞台或角色的各个动作：碰到鼠标，碰到颜色，碰到颜色，询问与回答
运算	加减乘除，比较，与或非，字符串操作，随机数
变量	设置和引用变量
自制积木	自定义程序模块

• 工作区：将程序模块拖动到工作区，程序模块完成编辑。

• 舞台：动画的播放窗口，只有处于舞台中的角色才能被显示出来。

• 角色舞台管理：用于添加、删除、管理动画角色和背景。

- 程序扩展：用于扩展需要的开源硬件和功能图块程序。
- 硬件连接：用于选择程序所使用的开源硬件种类，在此我们选择掌控板。
- 端口连接：用于选择当前工作的开源硬件与电脑的连接端口。
- 固件恢复：用于将开源硬件的固件恢复到初始状态。
- 开始与结束：用于动画的开始和结束。

10.1 掌控板环境光的检测——休息与玩耍背景的切换

说明：使用掌控板的板载环境光传感器检测环境的光强度。当光线强时，切换背景为户外，同时小猫说“天亮了，我要去运动”；当光线弱时，切换背景为卧室，同时小猫说“天黑了，该睡觉了”。

(1) 硬件准备

需要将掌控板连接到计算机上，同时在 Kittenblock 软件上选择加载掌控板。Kittenblock 软件左上角硬件选择“掌控板”，端口选择掌控板连接的 COM 口。若连接不成功则恢复掌控板的固件后重新连接。

(2) 软件扩展

在 Kittenblock 中加载掌控板程序模块。

(3) 素材准备

点击添加背景按钮，添加两个背景，分别为“卧室”和“篮球场”。

卧室（Bedroom1）	篮球场（Basketball1）

(4) 编写程序

需要先点击小猫对其进行程序的编写。交互式动画程序为实现绿色旗帜被点击后开始执行程序，需要添加“当绿旗被点击”的事件，且需要自己添加永远循环的无限循环模块。

程序思路

当掌控板检测到光线强度小于 100 时，主角说“天黑了，该睡觉了”，同时背景切换至卧室场景。光线强度大于等于 100，则主角说“天亮了，我要去运动”，同时背景切换至篮球场场景。

程序实现

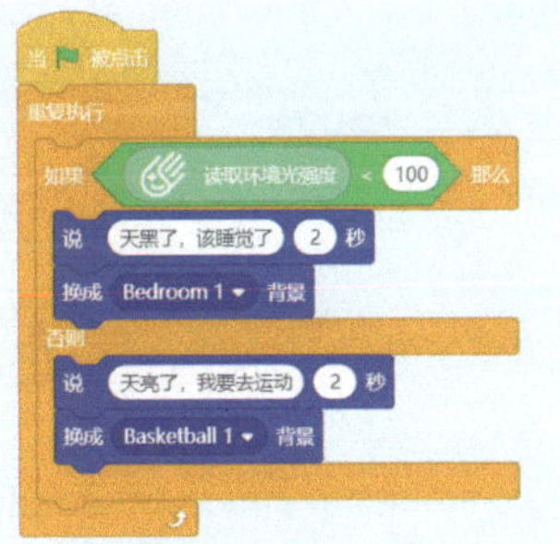

(5) 测试程序

点击绿旗，进行程序的测试工作。

强光状态	弱光状态

10.2 人脸检测——你的年龄我来猜

说明：计算机需要有摄像头功能，当空格键被点击时，进行人脸检测。将人脸检测的结果输出到掌控板的屏幕上。

Kittenblock 需要加载的程序模块除了掌控板之外，还需加载以下两个程序模块。

视频侦测	人脸检测——FaceAI
视频侦测	FaceAI

程序设计

这个程序由三部分组成：

① 初始化时，开启视频功能和人脸检测功能，为人脸检测做准备工作。

② 当空格被按下时，进行人脸识别操作。

③ 当检测到人脸时，分析人的年龄，并显示在掌控板的屏幕上。

程序实现

当 被点击
屏幕显示文字 face test 在坐标 X: 1 行: 1
将视频 开启
人脸检测 on

当按下 空格 键
人脸检测

当检测到人脸
屏幕显示为 全黑
屏幕显示文字 连接 age: 和 年龄 在坐标 X: 1 行: 3

10.3 掌控板 1.0 也可以语音识别——点亮 RGB 灯

掌控板 2.0 版本的语音识别功能，让拥有 1.0 版本掌控板的读者眼馋不已。其实，掌控板 1.0 版本也可以实现语音识别功能。

说明：计算机需要有麦克风，当空格键被点击时，进行语音识别。当识别到“开灯”时，打开掌控板的 RGB 灯；当识别到“关灯”时，关闭掌控板的 RGB 灯。

Kittenblock 需要加载的程序模块除了掌控板之外，还需加载百度大脑程序模块。

程序设计

这个程序由四部分组成：

① 初始化时，掌控板屏幕上显示“Voice Light”字样。

② 当空格被按下时，进行语音识别。

③ 当识别语音为“开灯”时，掌控板进行开灯操作。

④ 当识别语音为“关灯”时，掌控板进行关灯操作。

程序实现

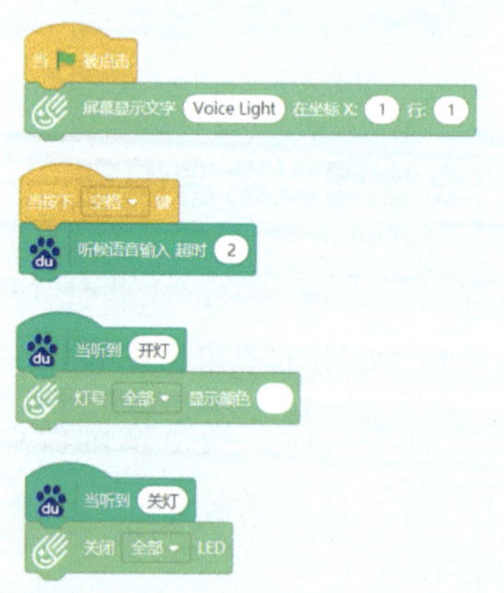

第 11 章

掌控板与 3D 打印综合项目——小狗掌上智能助理

一个完整的创客作品是由电子元件与外在的外壳组成。

本章中，我们采用 3D One 教育版制作三维模型，使用 3D 打印机完成产品的外壳设计。

制作电子元件与 3D 打印项目成功的关键是尺寸的确定工作，如果 3D 打印零件的尺寸过小，最终的结果是电子元件放不进 3D 打印的壳里面；3D 打印的零件过大，又造成不精准的问题。设计一个尺寸精准的 3D 打印零件关键点归纳如下：

精确测量好电子元件的尺寸，建议用游标卡尺 → 作图前画预留空间并考虑走线位置区域 → 在预留空间的基础上建造3D模型

3D One 教育版插入电子件功能，可以方便地实现掌控板适配。本章我们采用“插入电子件”这一功能完成适配百灵鸽的小狗造型摆件设计。这个小狗外壳不仅可以让百灵鸽变身为床头摆件，而且还兼顾后期的扩展能力。

任务 小狗造型掌上助理摆件

成品造型为一只可爱的小狗，分为保护壳主体和后盖两部分。掌控板的 OLED 显示屏、扩展引脚等以及两个挂绳孔组成狗的面部轮廓。壳体的后部预留 3PIN 杜邦线的扩展孔，方便随时将其进行功能扩展。

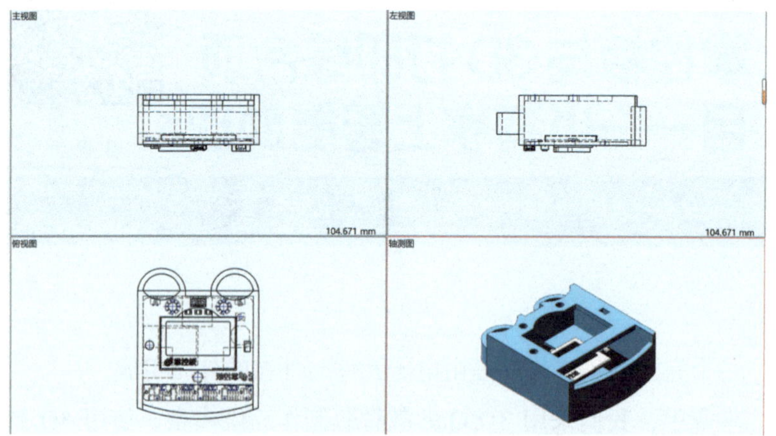

掌上助理具有智能夜灯、时间显示、设置闹铃、天气预报、室内温度监控等功能。A 键用于切换屏幕显示内容，B 键用于更改数值。

屏显分布情况：

屏幕号	内容
0	日常信息显示
1	开启/关闭闹铃功能
2	设置闹铃的小时数值
3	设置闹铃的分钟数值

11.1 外壳设计与制作

由于 3D One 插入电子件功能还不能完全满足制作本作品的需求，所以我们采取参照不使用的方法来完成这个造型的设计。这个方法适合采用插入电子件功能，制作适配电子件的复杂模型。

本作品电子件的主体为掌控板与百灵鸽的结合体，所以只要准确测量其尺寸即可。预留的传感器扩展口在背壳中开孔即可。

零件名称	尺寸	注意事项
掌控板与百灵鸽的结合体	52mm × 49mm × 19mm	需要预留掌控板 A/B 键、USB 接口和百灵鸽扩展板的电源开关

外壳的三维设计采用 3D One 教育版来完成，设计步骤如下。

① 使用特殊功能中插入电子件命令，在基本面的（0,0）点位置插入掌控版电子件。

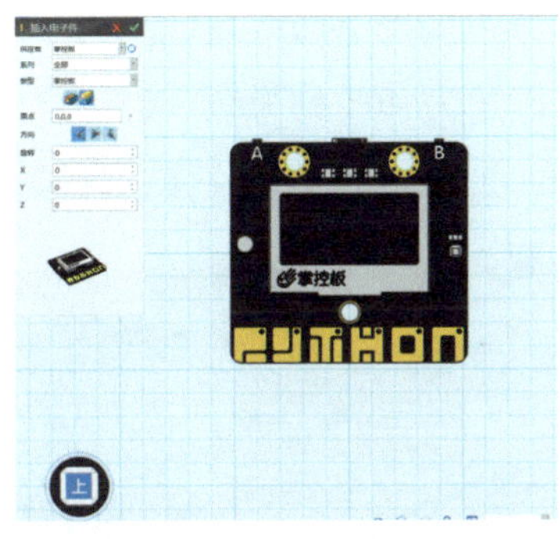

② 隐藏掌控板后，进行外壳绘制工作基本面上的绘图操作。隐藏与显示操作需要使用 3D One 工作区下侧的菜单。

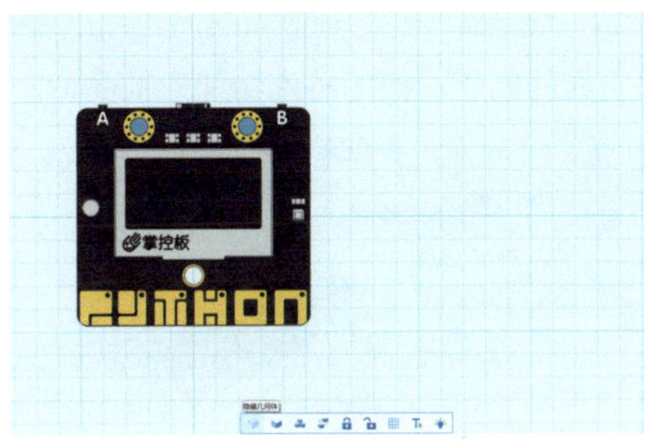

③ 小狗面部主题造型设计。采用基本实体中六面体命令，在基本面上的原点位置绘制六面体的长、宽、高分别为 57mm、54mm 和 23mm。

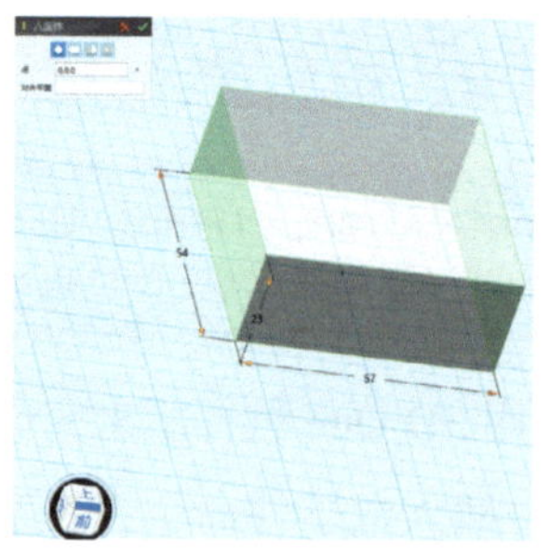

④ 小狗下巴的造型设计。使用草图绘制中参考几何体命令，在六面体上面，参考其下侧外沿曲线后，采用草图绘制中圆弧命令绘制半径为 83mm、弧度角为 40° 的弧线。退出草图之后，使用特征造型中拉伸命令，进行 - 23mm 的反向拉伸，且参数类型为加运算，将下巴与头部组合在一起。

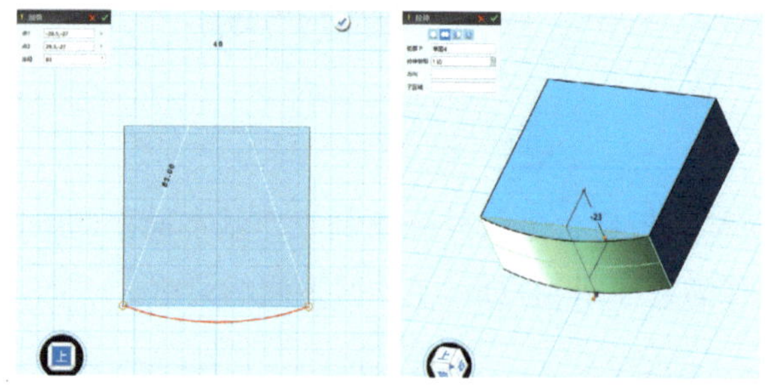

⑤ 头部空壳的制作。使用特殊功能中抽壳命令对头部造型进行 - 2.5mm 的抽壳，开放面为头部造型下侧面。至此，头部造型完成。

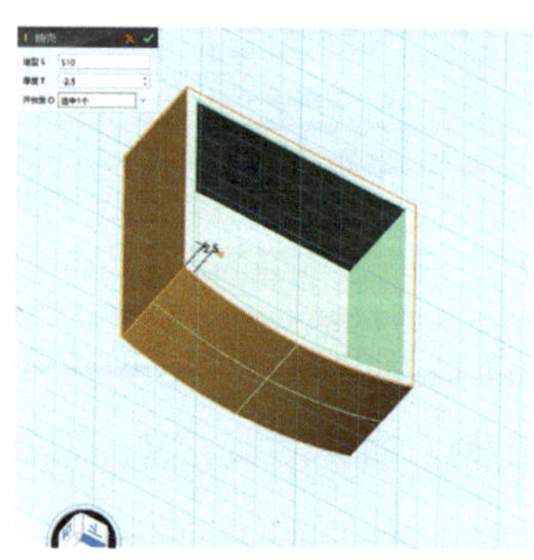

⑥ 掌控板显示屏、麦克风、光敏电阻和螺钉孔位的设计。使用显示命令显示掌控版后，在六面体上面采用草图绘制中圆形和矩形命令完成掌控板麦克风、光敏电阻、OLED 显示屏的孔位绘制工作。尺寸上可以比掌控板的电子元件尺寸略大一点以保证略有冗余。RGB 灯的孔位可以使用草图绘制中弧线命令绘制略超过三个 RGB 灯大小的弧线。使用草图绘制中单击“修剪”命令去除 RGB 灯与显示屏之间的多余曲线后，点击“完成”退出草图模式。使用特征造型中“拉伸”命令，进行 - 2.5mm 的反向拉伸，且参数类型为减运算，完成孔位设计。

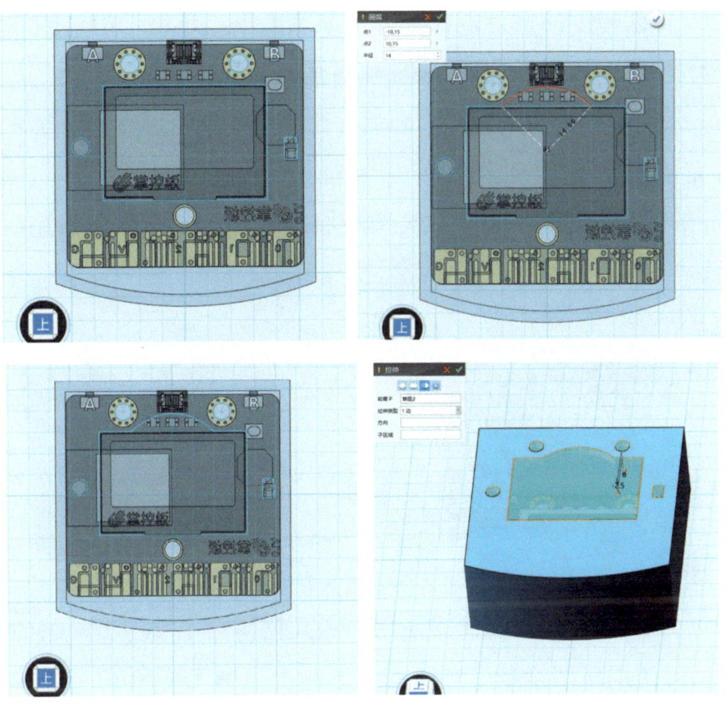

⑦ 嘴部造型设计。在面部造型上面，参考壳体左右内侧线和下巴外侧线完成嘴部曲线的主体绘制。采用草图绘制中直线命令补充，采用单击“修剪”命令修剪多余曲线后，完成封闭嘴部曲线的绘制。

点击“完成”退出草图模式。使用特征造型中“拉伸”命令，进行－5mm 的反向拉伸，且参数类型为减运算，完成嘴部设计。

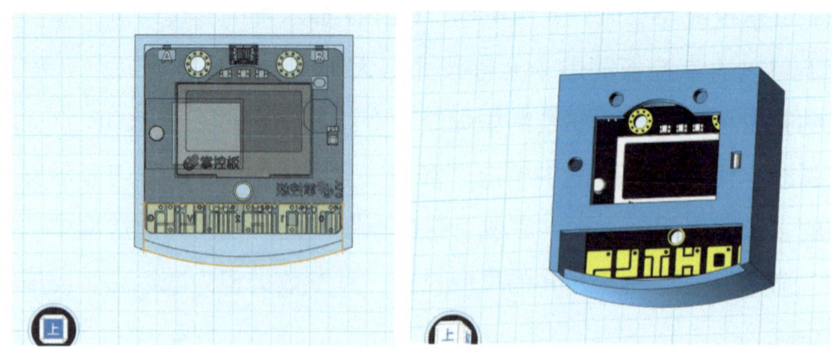

⑧ 耳朵造型的设计。在面部造型的上面，造型上沿外侧线绘制中线分割线。然后采用草图编辑偏移曲线的方式向左右两边偏移 6mm。采用草图绘制中直线、圆弧等绘制完耳朵轮廓后，去除辅助曲线后完成草图编辑工作。使用特征造型中“拉伸”命令，进行－23mm 的反向拉伸，且参数类型为加运算，完成耳朵的设计。

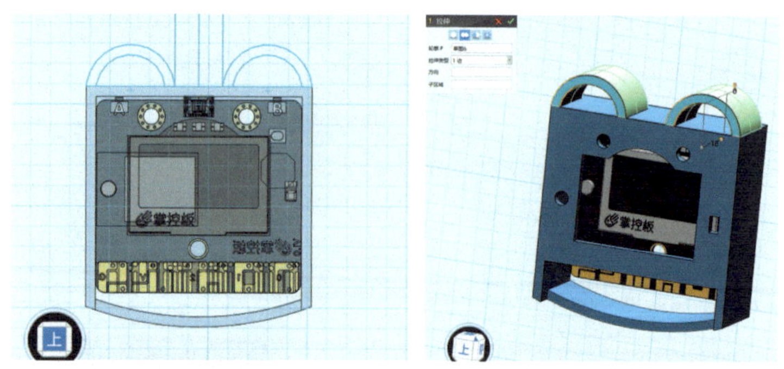

⑨ A/B 键的孔位设计。使用参考几何体命令参考出耳朵的外侧曲线。再使用草图绘制中圆弧命名绘制出 A/B 键的孔位。连接修改必要的线条之后，退出草图模式。使用特征造型中“拉伸”命令，进行－5mm 的反向拉伸，且参数类型为减运算，完成 A/B 键的孔位设计。

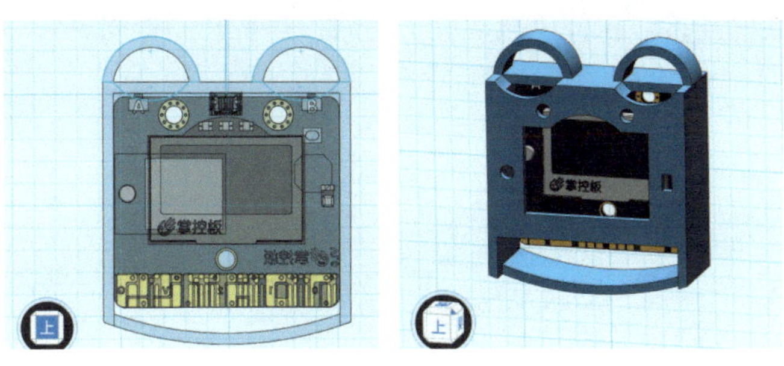

⑩ USB 孔位设计。在面部上面绘制矩形草图，然后进行 – 8mm 的减运算拉伸。至此，壳主体设计完成。

⑪ 百灵鸽电源开关设计。在壳体的左耳处进行 – 10mm 的减拉伸去除妨碍电源钮的部分。

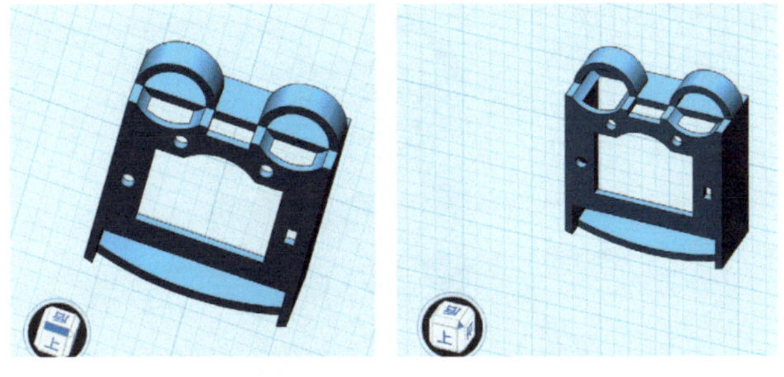

⑫ 后盖设计。在壳体背面参照主体内部曲线，完成后盖曲线绘制，然后进行 2.5mm 的基体拉伸。

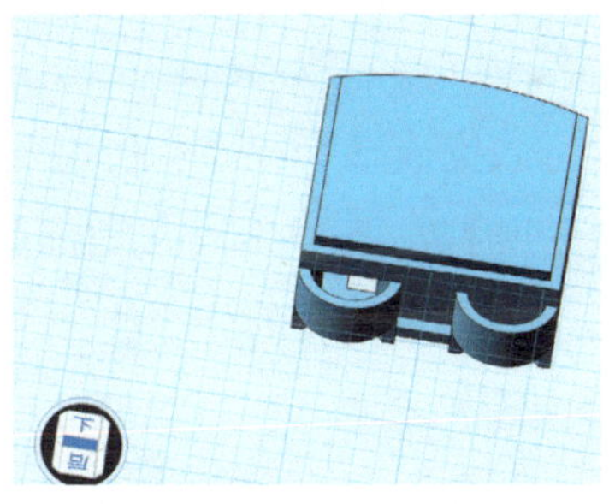

⑬ 扩展口的设计。扩展口没有电子件可以参考，绘制草图时采用游标卡尺测量完成位置测量，开孔的时候可以比测量值略大，以方

便扩展线的连接。拉伸（减运算）之后，扩展孔制作完成。

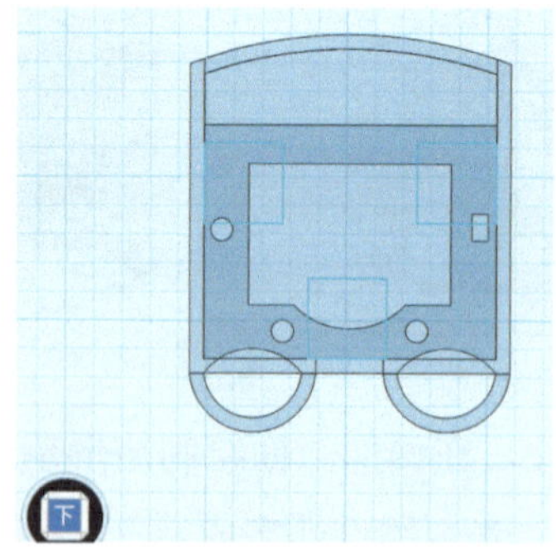

⑭ 将主体与后壳分别另存为 STL 文件，使用 3D 打印机完成打印工作。至此，外壳部分制作完成。

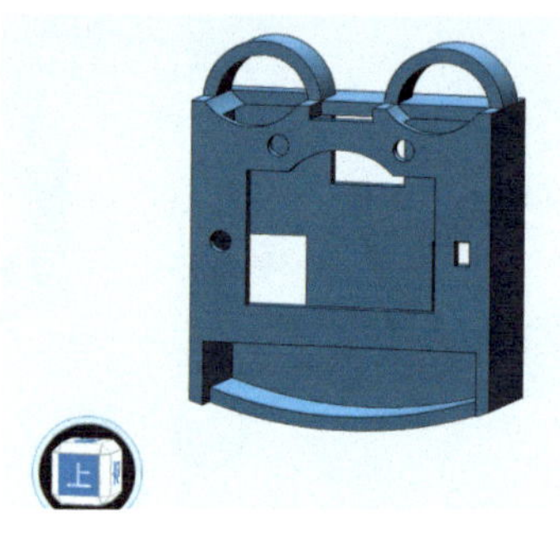

11.2 程序实现

使用分页显示的方式完成整个程序：使用变量 p 控制当前的页号，h 控制当前时间的小时数，m 控制当前时间的分钟数，hr 控制当前闹铃的小时数，mr 控制当前闹铃的分钟数，t 控制是否启用闹钟。不受分页限制的内容为闹铃检测与夜灯功能的程序。为了让代码整齐，页面分页显示内容使用自定义函数来完成。注意，这个程序需要使用心知天气，需要填写密钥才能使用。

```
将变量 t 设定为 假
将变量 hr 设定为 0
将变量 mr 设定为 0
将变量 m 设定为 0
将变量 p 设定为 0
将变量 h 设定为 0
连接 Wi-Fi 名称 “robot” 密码 “asdf1234”
同步网络时间 时区 东8区 授时服务器 time.windows.com
初始化时钟 my_clock x 32 y 32 半径 30
设定 w1 为 [心知天气] 3天天气预报 信息
    地理位置 本地 -
    API私钥 Sbx7z0a1u4k8S18U3
    语言 简体中文
    温度单位 摄氏度
```

```
当按键 A 被 按下 时
执行 将变量 p 设定为 p + 1
     将变量 p 设定为 p ÷ 4 的余数
     等待 1 秒
```

```
当按键 B 被 按下 时
执行 如果 p = 1
     执行 将变量 t 设定为 非 t
          等待 1 秒
     如果 p = 2
     执行 将变量 hr 设定为 hr + 1
          将变量 hr 设定为 hr ÷ 24 的余数
          等待 1 秒
     如果 p = 3
     执行 将变量 mr 设定为 mr + 1
          将变量 mr 设定为 mr ÷ 60 的余数
          等待 1 秒
```

```
定义函数 screen0
    OLED 显示 清空
    时钟 my_clock 读取时间
    绘制 时钟 my_clock
    显示文本 x 64 y 0 内容 转为文本 w1 [心知天气] 通用字段 城市名称 模式 普通 不换行
    显示文本 x 64 y 16 内容 转为文本 “天气:”
                                      w1 [心知天气] 3天天气预报 今天 的 白天天气现象 模式 普通 不换行
    显示文本 x 64 y 32 内容 转为文本 w1 [心知天气] 3天天气预报 今天 的 当天最低温度 模式 普通 不换行
                                      “-”
                                      w1 [心知天气] 3天天气预报 今天 的 当天最高温度
                                      “度”
    显示文本 x 64 y 48 内容 转为文本 “室内:”
                                      int I2C 温度 模式 普通 不换行
    OLED 显示生效
```

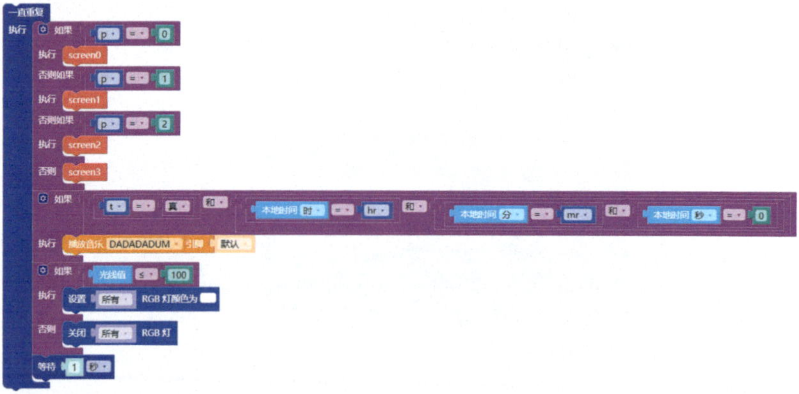

练一练 39

修改本节的程序，实现更加个性化的功能，比如将本地的温/湿度情况传递到物联网平台，或者强化夜灯功能，将开启夜灯的标准阈值修改为可按钮设定等。

"练一练"解析

源程序下载

结束语

很多人小时候都玩过七巧板。小小的七块小板子通过自己的创意，可以变化为创意十足的图形。将木板转变为模型的过程，其实就是创客精神在活动中的自然融入。

由于笔者能力水平有限，本书就相当于玩七巧板时给大家提供的七块小木板，然后教大家一些七巧板搭建知识。书中的内容仅能体现有限的掌控板应用程序，更高级的掌控板玩法还需要大家发挥自己的创客精神，不断地摸索和实践。

用一幅图和一句话作为本书的结束：创客之路是射线，有起点无终点，共勉！